BERNHARD FIRGAU
Ingresse

astronova Sonderausgabe

Dr. Bernhard Firgau

Ingresse

Die Deutung des Zeicheneintritts von Planeten
in Mundan- und Radixhoroskopen

© astronova Versand Tübingen 2004
Veröffentlichungen auch auszugsweise
nur mit Genehmigung des Verlags

Zu beziehen über
astronova Versand, Postfach1250, D-72002 Tübingen
www.astronova.com
www.astronova.net

ISBN 3-937077-08-1

Inhalt

Vorwort 7
Was ist ein Ingress und wie wird er berechnet? 9
Für welchen Ort wird der Ingress berechnet? 11
Für welches Zeichen wird der Ingress berechnet? 14
Die Grundbedeutung des Ingresses 17
Mundane Deutungsgrundsätze in Ingressen 20
Persönliche Deutungsgrundsätze in Ingressen 23
Widderingress 26
   Mundane Bedeutung 26
   Persönliche Bedeutung 30
Krebsingress 35
   Mundane Bedeutung 35
   Persönliche Bedeutung 40
Waageingress 42
   Mundane Bedeutung 42
   Persönliche Bedeutung 47
Steinbockingress 49
   Mundane Bedeutung 49
   Persönliche Bedeutung 54
Sonneningresse in die Nebenzeichen 56
   Ingress in fixe Zeichen 56
   Ingress in veränderliche Zeichen 62
Transite über den Ingress und Auslösungen 68

Transit des Ingress über Regierungshoroskop 77
Schicksalsgemeinschaften und Ingress 78
Ingresse anderer Planeten 85
Literatur 89
Liste der Quartalsingresse 2000-2050 90

Vorwort

Die Mundanastrologie führt hierzulande ein Schattendasein. Es mag daran liegen, dass deutschsprachige Literatur zu diesem Thema sehr dünn gesät, oft nur noch antiquarisch erhältlich ist und damit viel Eigenarbeit investiert werden muss, wenn man einen leidlichen Überblick erhalten möchte. Das war nicht immer so. Horoskope wurden Jahrhunderte lang nur für ein Land oder stellvertretend für seine Repräsentanten erstellt. Erst die Moderne machte jedem Menschen, parallel zu der immer stärkeren Herausbildung der Individualität, ein eigenes Horoskop zugänglich. Damit war der Einzelne immer mehr in das Zentrum seiner Betrachtungen gerückt. Mit der psychologischen Ausrichtung der Astrologie hat dieser Trend eine gewisse Spitze erreicht. Diese Individualastrologie könnte mit der Einbeziehung von mundanen Horoskopen auch die Kollektivbeziehung eines Menschen in seinem sozialen Gefüge außerhalb der Familie bewerten. Damit würde die mundane und die individuelle Astrologie konstruktiv zusammengeführt. Die zum Teil vorhandene gegenseitige Reserviertheit beider Zweige in der Astrologenszene könnte damit ein Ende finden.

Der Eintritt der Sonne in das Tierkreiszeichen Widder war früheren Kulturen – vielleicht nicht nur wegen der Landwirtschaft – so wichtig, dass sie mit großen Steinkreisen wie z.B. in Stonehenge diese himmlische Ordnung sichtbar machten. Ingresse bestechen durch ihren jahreszeitlichen Rhythmus. Sie stellen zeitlich und räumlich begrenzte Kollektivhoroskope dar. Sie lassen sich auch auf Staaten ohne Gründungshoroskop anwenden und stellen sich unter rein praktischen Gesichtspunkten damit in die erste Reihe der mundanen Methoden. Um so erstaunlicher ist, dass sie ziemlich in Vergessenheit geraten sind. Bei aller Begeisterung für Ingresshoroskope können sie aber andere Methoden nicht ersetzen, sondern nur ergänzen. Jede Methode bleibt immer Ausschnitt aus dem Ganzen der Astrologie.

Mein Interesse an Ingressen geht auf ein Buch aus den 50er Jahren von Troinski („1001 weltpolitische Horoskope") zurück, welches mir in einem Antiquariat in die Hände fiel. Leider hat es mit seinen düsteren Atomkriegsprognosen und seiner dramatischen Darstellung einen fatalistischen Schatten auf die deutsche Mundanastrologie geworfen. *Troinski* gebührt gleichwohl der Dank für die systematische Arbeit anhand vieler – ohne Computer – berechneter Horoskope aus großen Zeiträumen.

Erwähnen will ich die Verdienste von Anne C. Schneider, Zweite Vorsitzende des Deutschen Astrologenverbandes e.V. (DAV), die vor einigen Jahren die mundanastrologische Sektion im DAV gegründet hat. Sie hat mir wertvolle und in Deutschland schwer zu beschaffende Literatur für dieses Buch zur Verfügung gestellt. Danken möchte ich auch den Mitgliedern der mundanastrologischen Sektion. Sie halten mit diesem offenen Diskussionsforum die mundanastrologische Forschung am Leben.

Dr. Bernhard Firgau
Weinheim im Sommer 2003

Was ist ein Ingress und wie wird er berechnet?

Der Tierkreis ist die astrologische Ordnung des Jahres. Das astronomische Jahr entspricht einem Umlauf der Erde um die Sonne. Verglichen wird, wann die Sonne von der Erde aus betrachtet einen bestimmten Punkt am Himmel erneut überschreitet. Dieser Zeitraum wird von den Astro*nomen* räumlich in 360° geteilt und gleichzeitig in 24 Stunden „Sternzeit" umgerechnet. Die Astro*logen* teilen diesen Kreis außerdem in zwölf gleiche Abschnitte, von denen der erste „Widder" heißt. Mit anderen Worten: Astronomen und Astrologen verwenden denselben Kreis mit unterschiedlichen Bezeichnungen.

Als Startpunkt dieses Kreises dient der sogenannte Frühlingspunkt. Dies ist kein Stern, sondern die Position der Sonne, wenn Tag und Nacht im Frühjahr gleich lang sind. Das ist dann der Fall, wenn die Sonne über dem Äquator senkrecht steht. Im Frühjahr fällt dieser Zeitpunkt mit dem Eintritt (lat. *Ingress*) der Sonne in das Tierkreiszeichen Widder zusammen. Dieser Frühlingspunkt ist mit 0° Widder also identisch. Er wandert durch die Jahrtausende selbst rückwärts und dreht dabei auch den Sternzeitkreis der Astronomen jedes Jahr ein Stück zurück. Stellt man sich zur Verdeutlichung eine Uhr vor, die auf „Zwölf" steht und dreht die ganze Uhr links herum, so ändert sich an der Stellung der Zeiger gegenüber der „Zwölf" nichts.

Astronomen, die sich mit Astrologie nicht befassen, merken nicht, dass sich gleichzeitig mit ihrem Jahreskreis auch der Tierkreis der Astrologen mit dreht. Damit bleiben nicht nur die Astronomen, sondern auch die Astrologen immer im gleichen Zeitbezug ihres Messkreises, so wie die Zeiger auf der Armbanduhr sich immer auf dasselbe Zifferblatt beziehen. Ganz anders wäre es, wenn die Astrologen die Sternbilder, also reale Fixsterne, als Bezug nehmen würden. Statt dessen nehmen sie einen Bahnpunkt der Sonne auf ihrem scheinbaren Lauf um die Erde. Die irrige Annahme, Astrologen wüssten nichts von der Wanderung des Fixsternhimmels bzw. der Präzession der Erde, dürfte damit widerlegt sein.

Die Berechnung des Ingresses muss für unsere Zwecke auf die Minute genau erfolgen, um das Horoskop in Häuser einteilen zu können. Die Beispiele dieses Buches enthalten nur die Angabe des Ingresszeichens und des Ingressjahres, da die Horoskope abgedruckt sind. Im Anhang ist für die nächsten 50 Jahre eine Tabelle der Quartalsingresse mit genauen Zeitangaben und AC/MC auf Berlin berechnet.[1]

---

[1] Alle Berechnungen und Horoskope sind mit Sarastro (Fraiss Software) ausgeführt.

Für welchen Ort wird der Ingress berechnet?

Die Astrologie fügt der zeitlichen Ebene (Tierkreis) üblicherweise die räumliche hinzu (Achsen und Häuser). Wer für die ganze Welt ein Ingresshoroskop betrachten möchte, wird auf Häuser verzichten müssen. Was will er als den zweifelsfreien Mittelpunkt des Weltgeschehens denn wählen. Es gibt natürlich entsprechende Versuche, eine bestimmte Stadt zum Nabel der Welt zu erklären. Ereignisse wie die Mondlandung usw. könnte man den USA als dem mächtigsten und reichsten Land der Erde zuordnen und würde dann Washington als Ort annehmen.

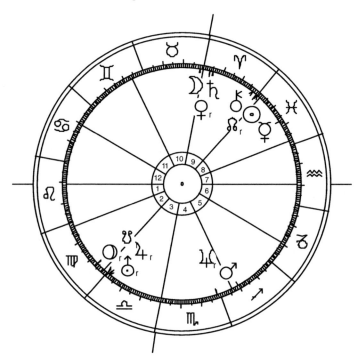

Horoskop 1: Mondlandung Widder 1969 (Washington)

Der Widderingress für die Mondlandung 1969 zeigt den guten alten Mond tatsächlich am MC, Sonne im 9. Haus und Uranus mit Jupiter im 3. Haus. Der zurecht gelegte Satz von *Armstrong* mit dem kleinen Schritt für ihn und dem großen Schritt für die Menschheit (Sonne in 9) ist vor diesem Hintergrund recht passend.

Wenn wir nicht für die ganze Welt die großen Fragen der Zeit lösen wollen, sollten wir uns auch auf eine Region beschränken können. Jede Region hat irgendeinen Punkt, der sie repräsentiert. Bei Ländern ordnet sich das gesellschaftliche Geschehen auf ihre Hauptstadt zu, die für die Ingressberechnung den natürlichen räumlichen Bezug abgibt.

Spektakulär werden Vergleiche desselben Ingresses für verschiedene Orte. Ereignisse mit Weltbedeutung haben oft einen mehrfachen Focus. Denken wir an den Abwurf der ersten Atombombe, so fällt uns hierzu sowohl Amerika als auch Japan ein.

Der Widderingress am 20. März 1945, 23:37 UT kann bei diesem Ereignis für vier Orte sinnvoll berechnet werden: Washington als amerikanische Hauptstadt, Tokio als japanische Hauptstadt, Los Alamos, wo das Flugzeug gestartet ist, Hiroshima, wo die Bombe abgeworfen wurde. Washington zeigt eine Neptun/Chiron-Konjunktion am Waage-AC. Die Waage steht eigentlich für Friedensverhandlungen und mit Neptun und Chiron wird ein hinterhältiger und verletzender Aspekt überdeutlich.

Für Tokio ergibt sich ein Aszendent im letzten Grad Stier, was gleichzeitig das Quadrat zu Regulus im letzten Löwegrad bedeutet, zum Stern der Kaiser und Könige. Pluto fällt nur 1° neben den IC und deutet dort die totale Ohnmacht der Bevölkerung an. Amerika hatte als Grund angegeben, dass Japan mit einem einzigen Bombenabwurf zur Kapitulation gezwungen werden sollte, ein Ende mit Schrecken statt eines Schreckens ohne Ende. Dieser Grund wurde später oft angezweifelt (Neptun). Es macht den Neptun am AC – für Washington berechnet – plausibel. Die Kapitulation hatten die Japaner nämlich schon vor der Bombe angeboten. Angeblich ist diese Botschaft nie an der richtigen Stelle angekommen (Neptun). Tokio und Washington sind als Hauptstädte der maßgebliche Ort, denn es geht in dem besprochenen Zusammenhang um die Nationen als Kriegsteilnehmer im Sinne eines Staates und nicht nur die Bevölkerung in Hiroshima.

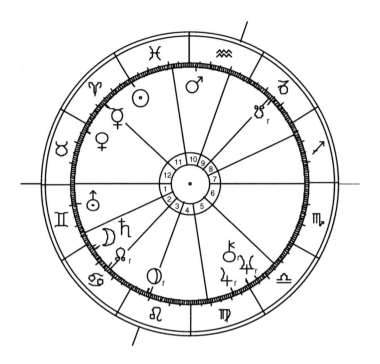

Horoskop 2: Atombombe Widder 1945 (Tokio)

Nicht nur Hauptstädte eines Landes eignen sich für die Berechnung von Ingressen. Auch die Bürgermeisterwahl einer Stadt findet ihren Platz in der Ingressastrologie. Der Astrologe hat es in der Hand, den Horizont weiter oder enger zu definieren, indem er eine Stadt wählt, die Symbol einer größeren oder kleineren Landschaft ist oder eine Stadt wie Wimbledon, Hauptstadt der Tenniswelt (siehe Beispiel Steffi Graf Seite 57).

Für welches Zeichen wird der Ingress berechnet?

Ingresse sind ein kollektiver Maßstab für einen bestimmten Ort. Ihre Deutungsmöglichkeiten beziehen sich auf Kollektivthemen, die mit dem von der Sonne erreichten Zeichen zusammenhängen. Dies gilt auch für einen Staat ohne Gründungshoroskop oder einen Menschen ohne exaktes Radixhoroskop. Die kardinalen Zeichen (Widder, Krebs, Waage, Steinbock) haben gegenüber den fixen (Stier, Löwe, Skorpion, Wassermann) und den veränderlichen Zeichen (Zwilling, Jungfrau, Schütze, Fische) die größere Wirkung. Damit stehen sie im Vordergrund der Betrachtung. Zugleich bietet sich die Frage an, wie lange der Ingress in ein kardinales Zeichen wirkt.

Judy Jones hält offensichtlich einen Ingress der Sonne in ein kardinales Zeichen nur über drei Monate für gültig, weil er dann vom nächsten kardinalen Zeichen abgelöst wird. Meiner Ansicht nach stehen die Ingresse nicht in einer gleichwertigen Aneinanderreihung. Jeder Ingress behandelt vielmehr einen bestimmten Themenschwerpunkt.

Im Widderingress geht es z.B. um Angriffe und Rivalitäten. Krebs betrifft die Bevölkerung, die sich um einen geografischen Mittelpunkt aufhält. Das ist gewöhnlich die Landeshauptstadt, die häufig auch das wirtschaftliche oder kulturelle Zentrum darstellt. Damit sind nicht nur die wahlberechtigten Bürger, sondern alle, die dort wohnen gemeint. Mit Waage sind Vertrags- und Beziehungsfragen unter Gleichrangigen angesprochen und die Beendigung von Konflikten. Der Ingress in den Steinbock bezieht sich auf das Verhältnis des Staates im Sinne einer Bürokratie gegenüber seinen Bürgern.

Der Widderingress nimmt zusätzlich eine Sonderstellung für das ganze Jahr ein, da er einen Neubeginn symbolisiert, wie das Frühjahr in der Natur. Der Neubeginn ist nicht nur ein Thema, sondern eine Qualität an sich.

Da die Qualität der Ingresse sich unterscheidet, würde sich das Horoskop des Krebsingresses schlecht als Fortsetzung eines Widder-Horoskops eignen, vielmehr knüpft es an das Krebs-Horoskop des Vorjahres an, um dessen Thema aufzugreifen. Die zwölf Zeichen sind zwölf zueinander versetzte Jahresanfangspunkte. Wir leben damit gleichzeitig in zwölf verschiedenen „Monaten", die zwölf verschiedenen Zeichenjahren angehören.

Ingresse zeigen den Wirkungsbereich bis zum nächsten gleichen Ingress nicht taggenau. Der Eintritt der Sonne in den Steinbock kennzeichnet zwar das von der Wintersonnwende an zu rechnende „Steinbockjahr". Die Deutungen können sich auf Wirkungen beziehen, die kurz vor Beginn des Steinbockjahres ausgelöst wurden (Beispiel Steinbockingress und Kommunistische Machtübernahme durch *Mao Tse Tung* in China 1949; Oktoberrevolution Rußland 1917).

Am Beispiel Äthiopiens kann man die Aufeinanderfolge sehr schön ablesen. Kaiser Haile Selassie („Herrscher auf dem Löwenthron") musste im Frühjahr 1974 abdanken. Die Regierungsgewalt legte man in die Hände einer Militärkommission, die den Übergang zur Demokratie vorbereiten sollte. Die ideellen Vorstellungen und die harmonische Umsetzung im Verhandlungsweg sind Themen von Venus und Jupiter. Beide stehen im Steinbockingress 1973 am IC. Als die Verfassung ausgearbeitet wurde und das demokratische Modell in Gesetzesform vorlag, konnte man 1975 Saturn am IC Äthiopiens sehen. Was vorher Idealvorstellung (Jupiter) war, ist jetzt Gesetz (Saturn). Da Grundlage der demokratischen Ordnung das Volk (IC bzw. viertes Haus) ist, hat Saturn dort seinen richtigen Platz gefunden.

Mit der Auswahl des Zeichens für den Ingress ergibt sich eine Parallele zu den Personaren in der Astrologie für Einzelpersonen. Kurz gesagt erhält man ein Personar z.B. der Venus, wenn man den ersten Übergang der Sonne nach der Geburt über die Venus errechnet. Das Venuspersonar ist dann eine Art Lupe für die Rolle der Venus im Radix. Die anderen Planeten sind entsprechend mit einem eigenen Horoskop repräsentiert.[2]

Im Radix sind alle Personare vereint. In gleicher Weise fasst der Widderingress für ein Jahr die übrigen Zeicheningresse zusammen, ohne dass sie ihre besondere thematische Ausrichtung verlieren.

---

[2] Siehe Peter Orban u. Ingrid Zinnel, „Die innere Tafelrunde", Neuhausen 2001

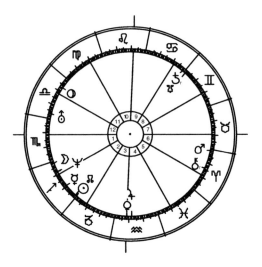

Horoskop 3: Militärkommission in Äthiopien Steinbock 1973 (Addis Abeba)

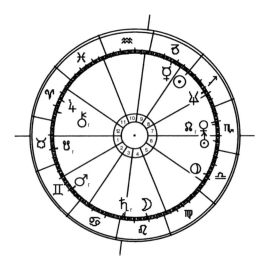

Horoskop 4: Demokratie in Äthiopien Steinbock 1975 (Addis Abeba)

Die Grundbedeutung des Ingresses

Das Wesen des Ingresses erschließt sich teilweise im Vergleich mit dem Tag-Nacht-Wechsel.

Der Tag teilt die Drehung der Erde um sich selbst (Primärbewegung). Stunden/Minuten und das Jahr teilt die Drehung der Erde um die Sonne (Sekundärdrehung) in Monate/Tage. Durch die Schiefstellung der Erdachse ändert sich die Länge von Tag und Nacht mit den Jahreszeiten. Der Rhythmus von Tag und Jahr lässt sich bereits astronomisch nur sinnvoll als Ganzes betrachten. In beiden Drehungen finden wir vier Wegmarken:

Morgen, Mittag, Abend, Mitternacht
Frühling, Sommer, Herbst, Winter

Die Häuser ordnen den Raum, eine äußere Sphäre und antworten auf die Frage „Wo?". Die Tierkreiszeichen berühren innere Qualitäten und antworten auf die Frage „Wie?".

Die Sonne läuft durch beide Kreise, den Häuserkreis und den Tierkreis gleichzeitig. Die doppelte Bewegung der Sonne, nämlich durch die Häuser rechts herum (Tagesbewegung, Uhrzeigersinn!) und durch die Zeichen links herum (Jahresbewegung). Sie verbindet also Inneres und Äußeres.

Die Häuser haben den Zeichen verwandte Bedeutungen. Im 10. Haus etwa erwarten wir eine sozial höher gestellte Position, von wo aus Verantwortung getragen werden kann. Steinbock als das vergleichbare Prinzip gibt die für diese Position notwendigen Tugenden von Prinzipientreue und Ordnungssinn mit auf den Weg.

Die Sonne hat in ihrem Lauf durch Häuser und Zeichen die Funktion eines Zeigers. Sonnenuhren offenbaren ein Wechselspiel aus Richtung und Länge des Schattenzeigers. Da steckt mehr Sonnengeheimnis dahinter, als man vermuten mag. Bei den Häusern wird der Ort und bei den Tierkreiszeichen die Qualität angezeigt. Im Jahreslauf steht die Mittagssonne unterschiedlich hoch am Himmel. Damit können wir unser Steinbockbeispiel anschaulich fortsetzen: Im Winter hat die Sonne den niedrigsten Stand im Steinbock. Das Ego des Menschen (Sonne) wiegt weniger, als die Aufgabe (10. Haus), die vor ihm liegt („Wes Brot ich ess', des Lied ich sing"). Umgekehrt: Zuhause (4. Haus) „bin ich Mensch, hier darf ich sein". Fern von staatlichen Anforderungen ist für de privaten Bedürfnisse (Krebs) der größte Raum.

Auch der Lebenslauf des Menschen knüpft gleichzeitig an die Gesetzmäßigkeiten des Tages und des Jahres an.

Der Lebenslauf ist Abbild des Tagesrhythmus von Wachen und Schlafen. Die obere Hälfte der *Häuserordnung* – beginnend mit dem AC rechts herum zum DC – zeigt den äußeren Platz zwischen Geburt und Tod. Fast zwangsläufig kann man die untere Hälfte vom DC zum AC der Zeit vom Tod bis zu einer neuen Geburt zuordnen, wo der Mensch der äußeren Welt am weitesten entrückt ist. In der Lebensmitte ist der Mensch am kraftvollsten in seinem sozialen Umfeld aktiv. Er hat seine soziale Stellung (MC) erreicht und kann die erworbenen Fähigkeiten und Güter am optimalsten weiterreichen und seine Umwelt gestalten.

Im Jahreslauf links herum durch die *Zeichen* beginnend mit Widder steigt die Sonne aus der Frühjahrs-Tag- und Nachtgleiche zum längsten Tag mit dem höchsten Mittagsstand im Jahr auf (Krebs). Krebsthema ist Rückzug in die Innenwelt und Entfaltung in der persönlichen Umgebung. Mit der nächsten Tag- und Nachtgleiche (Waage) erreicht die Sonne die Zeichen der Partnerschaft und Außenwelt. Der soziale Aufstieg wird jetzt von anderen mitbesorgt oder verhindert. Die solaren Fähigkeiten sinken nun mit ihren ichbezogenen Anteilen. Die Umgebung bestimmt, welchen Stand man erreicht. Hier rückt die Umgebung den einzelnen Mensch in der zweiten Hälfte des Zyklus am weitesten von sich selbst weg in die Außenwelt, der er verantwortlich ist, während die erste Hälfte der Eigenverantwortung angehörte. Also genau umgekehrt wie im Häuserdurchgang.

Das Verbindende der beiden gegenläufigen Kreisläufe liegt darin, dass eine aktive und eine passive Hälfte sich abwechseln. Das Maximum fällt in gegenüberliegende Zeichen. Die astrologisch-astronomische Gegenläufigkeit der Rhythmen verknüpft folglich zu jedem Zeitpunkt zwei sich gegenüberliegende Prinzipien von Innenwelt und Außenwelt, Eigen- und Fremdverantwortung. Damit ist eine Art Kräftegleichgewicht zweier entgegengesetzter Rhythmen hergestellt, von denen der kürzere dem einzelnen Menschen entspricht, während der längere den Vegetationszyklus der ganzen Welt bestimmt.

Der Mensch ist stets Einzelwesen und gleichzeitig Teil der Menschheit. Die Sonne zeigt in ihrem Tages- und Jahreslauf immer beide Komponenten an, die an Bedeutung rhythmisch zu- und abnehmen. Der Optimist kann zu jeder Zeit wachsen, entweder im äußeren oder inneren Bereich. Wo und wie es am besten ist, sagt ihm der Häuserkreis und der Tierkreis. Der Pessimist kann in gleicher Weise immer feststellen, dass irgendwo seine Möglichkeiten schwinden. In ihrem Wechsel sind ab- und zunehmende Kräfte im Gleichgewicht.

Der Widderingress bezieht sich daher astrologisch auf Entwicklungen in der Umgebung des Menschen. Menschen die in der Öffentlichkeit stehen, wachsen über das Private hinaus und sind selbst prägende Umgebung für ihre Familie und Nachbarschaft – und unter Umständen für ein ganzes Land. Ingresse können deswegen mit dem Radix eines Einzelnen signifikante Beziehungen ergeben.

Der Mensch wird nicht jedes Jahr am selben Ort mit denselben Fähigkeiten mit einer bestimmten Aufgabe betraut. Fixpunkt ist zwar die Sonne an stets demselben Ort. Die Verbindung zu einem Menschen hängt aber zusätzlich von der Aufteilung des Ingresshoroskops in Häuser ab, die sich nach dem Ort richten, für den das Jahresgeschehen beobachtet wird. Aus dem Ingress lässt sich daher ablesen, wo bestimmte Qualitäten zu erwarten sind und mit Blick auf einzelne Menschen, von wem sie unterstützt oder behindert werden können. Daher entfaltet ein Ingress nur dann eine greifbare Aussage, wenn es für einen bestimmten Ort berechnet wird.

Im Zusammenspiel mit dem Menschen blüht oder verdorrt die Natur, genießt und erleidet der Mensch die Kräfte der Natur. Im Ingress sehen wir ebenso mundane und persönliche Deutungsmöglichkeiten, weil kollektive und individuelle Entwicklungen miteinander verwoben sind.

So schön diese Gesetzmäßigkeiten erscheinen, wollen wir nicht vergessen, wie daneben weitere Rhythmen und astrologische Phänomene ihre wichtige Bedeutung haben, die in diesem Buch aber nicht ausgeführt werden können.

Mundane Deutungsgrundsätze in Ingressen

Ingresse erfassen also an einem einzigen Punkt den astrologischen Zusammenhang zwischen einer bestimmten Region und einem aktuellen Jahr. Für die Politik ist die soziale Außenwelt der Bezugspunkt und damit das astrologische Häusersystem. Nicht immer der Beste schafft es, sondern wen die politischen Kräfte mit einem Amt versehen oder sonst mit den Insignien gesellschaftlicher Macht auszeichnen. Die Zeichen deuten auf die Qualität, wie diese Macht ausgeübt wird, die Planeten, welche Mittel eingesetzt werden.

Die Achsen im Ingresshoroskop sind aus ihrem dargestellten Zusammenhang leicht zu charakterisieren:

Der AC betrifft die politische Eigendarstellung, die Unversehrtheit des politischen Systems. Am DC geht es um Gegner und Partner in der Gesellschaft. Allgemein sind dies also zweiseitige Beziehungen auf gleicher Stufe.

Die Regierung insbesondere ihre Sprecher (Kanzler, Ministerpräsident, Bürgermeister) werden vom MC repräsentiert, die Opposition sowie die Bevölkerung vom IC.

Diese Hauptachsen sind im räumlichen System der Häuser wie tragende Mauern. Auch wenn die Himmelsrichtungen für das Leben im Inneren eines Hauses ihre Wirkung haben, so leidet die Stabilität des ganzen Gebäudes mit der Erschütterung nur einer der tragenden Wände. Im Horoskop können die Bedeutungen der Hauptachsen wohl charakterisiert werden. Damit bleiben sie dennoch in einem funktionalen Zusammenhang und eine Plutokonjunktion am AC wird auch in den übrigen Horoskopbereichen spürbar sein.

Die Wirkungen bekommen zusätzliche Qualitäten durch das Zeichen, in welches die Sonne eintritt. In den weiteren Ausführungen wollen wir die Besonderheiten der verschiedenen Ingresse noch beschreiben.

Die Sonne ist im Ingress die kollektive Identität, das Ich einer Gruppe. Räumlich betrachtet ist es für ein Land die Hauptstadt, personenbezogen für die darin lebenden Menschen deren Regierung.

Der Mond als Reflektor der Sonne wird mit dem Volk oder den Gegnern der Regierung gleichgesetzt.

Der Zwillings-Merkur verbindet die Regionen des Landes miteinander durch Kommunikationswege: Straßen, Telefon, Post etc. Der Jungfrau-Merkur nimmt das Gesundheits-, Arbeits- und Sozialwesen dazu.

Die Stier-Venus steht für das wirtschaftliche Wohlergehen, die Währung. Mit der Waage-Venus wird diplomatisches Handeln und Kontakt zu Partnern erkennbar.

Mars erleichtert die Durchsetzungsfähigkeit und Kampfbereitschaft, beruft Soldaten zum Militärdienst.

Jupiter erlaubt gesellschaftliche Visionen, die noch nicht Gesetz geworden sind, öffnet auch räumliche Horizonte (Außenpolitik). Kirchen haben dort ebenfalls ihren Platz.

Saturn ordnet die Aktivitäten des Staates nach Gesetzen, gliedert die Mitarbeiter in Verwaltungsbehörden und regiert die Menschen als Bürger (Innenpolitik).

Uranus fördert die Forschung, Technik und plötzliche Veränderungen der Gesellschaftsstrukturen.

Neptun lässt Skandale durchsickern und regiert das Land mit Lügen, lässt die Menschen (in Illusionen) träumen. Der Planet kümmert sich aber auch um die von der Gesellschaft Vernachlässigten und abgesonderte Welten wie Krankenhäuser und Gefängnisse.

Pluto gräbt die Tabus der Gesellschaft aus und nach manchem von ihm entzündeten Feuer wächst ein Phönix aus der Asche. Aber auch die heimliche Macht beruht hierauf. Seilschaften und politische Amigos bedienen sich plutonischer Prinzipien.

Die Mondknoten weisen in die Zeichen und Häuser, die der gesellschaftlichen Entwicklung dienen (aufsteigender Knoten) oder im Weg stehen (absteigender Mondknoten).

Die Häuserthemen richten sich nach den von ihnen beherrschten Planeten und zeigen den natürlichen Schauplatz ihrer Energie. Die Planeten beherrschen dabei folgende Häuser:

Sonne Haus 5, Mond Haus 4, Merkur Haus 3 und 6, Venus Haus 2 und 7, Mars Haus 1, Jupiter Haus 9, Saturn Haus 10, Uranus Haus 11, Neptun Haus 12, Pluto Haus 8.

Troinski legt den Schwerpunkt auf bestimmte Planetenkonstellationen in den Häusern und hebt Ingresse hervor, die historische Parallelen zeigen. Bei *Harvey* findet sich eine gute Zusammenfassung für Leser, denen das Buch von *Troinski* nicht zugänglich ist. Die Auflistung der vielen verschiedenen Konstellationen deckt ein ziemlich gleiches Thema ab, nämlich Aggressionshandlungen, Revolutionen und ähnliches, so dass es eigentlich genügt auch die Konstellationen in ihrem Charakter unter einen gemeinsamen Oberbegriff zu stellen: Je mehr genaue Konjunktionen der „Übeltäter" (Mars, Saturn, Uranus, Neptun, Pluto) zusammentreffen mit Besetzung der Häuser 8

(Verlustthemen) und 12 (unbeachtete Gefahren), desto brenzliger ist die Weltlage.

Die Kombination dieser Konstellationen kann mit Sonne am AC (äußere Integrität des Landes) für das Land besonders gefährliche Situationen ergeben.

Diese Grundsätze wendet *Troinski* auf die Sonnenquartalshoroskope (Eintritt in die kardinalen Zeichen), Sonnennebenhoroskope (Eintritt in fixe und veränderliche Zeichen) und auch auf Sonnen- und Mondfinsternisse und Mondingresse an. Die Sonnenquartalshoroskope sind für ihn stärker als die Sonnennebenhoroskope.

Er weist auch auf die Stärke von „Zwillingskonstellationen" hin. Damit ist nicht das Zeichen Zwillinge gemeint, sondern zwei Ingresse die unmittelbar nacheinander mit ähnlichen Konstellationen auftreten oder Sonnenfinsternisse, die Konstellationen aus dem vorangegangenen Ingress wiederholen.

Außer der Stärke geht es auch um den Inhalt. *Troinski* differenziert für die inhaltlichen Aussagen nicht nach den Zeichen, in welche die Sonne oder der Mond eintritt. Für die inhaltlichen Wertungen hält er sich an die Planeten. Sein Augenmerk liegt aber auf der Wiederholung von ähnlichen Bildern bei ähnlichen Ereignissen. Er vergleicht etwa den Steinbockingress vom 22.12.1805 6:17 (Wien) mit dem Waageingress vom 23.9.1944 4:56 Berlin. Beide haben sie Saturn im 10. Haus mit Marsquadrat (7° bzw. 15° Orbis!) sowie Sonne in 1 und Uranus in 10 bzw. 4° vor der Häusergrenze 10. Im Jahr 1805 wurde Wien von Napoleon besetzt, nachdem er in der sogenannten Dreikaiserschlacht bei Austerlitz Russen (Alexander I.) und Österreicher (Franz II.) geschlagen hatte. 1944 gab die deutsche Armee die besetzten Gebiete in Frankreich, Belgien, Finnland und Bulgarien auf. Die von Deutschland überfallenen Länder drangen nun ihrerseits nach Deutschland ein. Das Eindringen fremder Truppen in das eigene Land sieht man als verbindendes Element der beiden Horoskope. Die Übereinstimmungen in den Horoskopen sind angesichts der Orben und der verschiedenen Sonnenzeichen vielleicht gewagt, aber das Prinzip stimmt.

Wir sehen ähnliche Übereinstimmungsbeispiele später zur deutschen Geschichte, wo die Sonne jeweils im Krebsingress im 8. Haus steht und Pluto die Achsen berührt.

Persönliche Deutungsgrundsätze in Ingressen

Bei persönlichen Beziehungen zum Ingress wird dieser als Transit über ein Radix bewertet. Am Anfang der Deutung solcher Einflüsse steht die Einschätzung des Radixhoroskops . Unter Spannung stehende Planeten oder Achsen enthalten Energie, die umgesetzt werden kann. Aspekte des Ingress zu diesen Punkten sind wichtig. Als Radix kommen auch Gründungshoroskope von Städten oder Staaten in Betracht oder Combine von anderen Schicksalsgemeinschaften (siehe Beispiel Lengede).

Radixaspekte zur Ingress-Sonne sind in der Regel nicht besonders eindrucksvoll, da diese jedes Jahr an dieser Stelle im Tierkreis gleich sind. Es bedeutet für einen Menschen höchstens, dass bestimmte Themen jedes Jahr für ihn wichtiger sind, als für Menschen, die keine Aspekt zum genauen Zeichenbeginn im Radix haben. Ausnahme von dieser Regel ist der Fall, dass die Ingress-Sonne und damit das aspektierte Radix gleichermaßen unter einen Aspekt eines anderen Planeten kommen. Denn diese Konstellation tritt nicht jedes Jahr ein und hebt sich von der Jahresroutine ab. So haben wir im Deutschlandhoroskop (1.1.1871 0:00 OZ Berlin) ein Quadrat zwischen Mars bei 1° Waage und Saturn bei 2° Steinbock. Wenn Aspekte auf diese beiden Planeten fallen, bekommt der Ingress der Sonne in eines der kardinalen Zeichen natürlich eine zusätzliche Bedeutung, weil diese automatisch in solchen Jahren mitbetroffen sind.

Das MC ist der höchste Achsenpunkt. Wir verbinden ihn mit der Vorstellung von Verantwortung und gesellschaftlichem Status. Ingressaspekte auf das Radix wirken sich im laufenden Jahr auf die Position des Einzelnen in der Gesellschaft aus und umgekehrt: Günstige Aspekte des Radixhoroskops zum Ingress-MC können dem einzelnen zur Macht verhelfen oder ihm Verantwortung aufbürden.

Beispiel: Eine Venus-Jupiter-Konjunktion im Radix mit Konjunktion zu Widderingress-MC führte nach 50 Jahren erstmals eine Frau auf den Sessel des Oberbürgermeisters von Kiel.

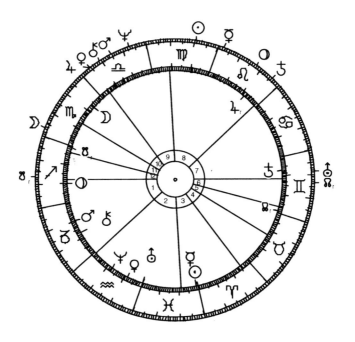

*Horoskop 5: innen Bürgermeisterwahl Widder 2003 (Kiel), außen Kandidatin Angelika Volquarz * 2.9.1946*

Der Mond fängt das Licht der Sonne auf. Mundan ist er der Spiegel, in dem sich der Staat bzw. seine Repräsentanten in der Regierung Resonanz bei der Bevölkerung suchen. Gute Radixbeziehungen zum Mond im Ingress bedeuten viele Stimmen in der Wahlurne oder gute Resonanz in der Bevölkerung. Aspekte zum Mond im Radix wiederum geben die Fähigkeit, den "kleinen Mann auf der Straße" zu verstehen. Der Volksheld will aber nicht nur geliebt werden, sondern auch Erfolg haben.

Beispiel: 1969 errang Bundeskanzler Kurt-Georg Kiesinger für seine Partei (CDU) die höchste Stimmenzahl in der Bundestagswahl. Sein Radix hatte die stärkere Beziehung zum Ingress-Mond, als das Radixhoroskop seines Konkurrenten Willy Brandt (SPD). Brandt wiederum hatte bessere Kontakte zum Ingress-MC und wurde mit Unterstützung der dritten Partei (FDP) Kanzler, während Kiesinger nur Vorsitzender der größten Partei im Bundestag war. Mond macht populär, MC macht mächtig.

An der Mondknotenachse zeigt sich die Übereinstimmung mit der Gesellschaft. Trifft der absteigende Mondknoten einen signifikanten Radixplaneten, haben wir ein deutliches Zeichen für gesellschaftlichen Misserfolg. Ingressbeziehungen zu Venus und Jupiter im Radix verleihen diesen für das Jahr zusätzlichen Glanz (siehe Beispiel Seite 24 OB-Wahl in Kiel 2003). Mit Aspekten auf Mars ist die Durchsetzbarkeit beflügelt und die Gefahr von zerstörerischem Aktionismus vorhanden. Bei Saturn können Aktivitäten erfolglos laufen. Im positiven Sinn sind willkommene Stabilisierungen möglich und ehrgeizige Positionen erreichbar.

Auffallend ist auch eine Aspektwiederholung im Radixhoroskop des Einzelnen und dem Ingress. Eines der Lebensthemen des Menschen wird im laufenden Jahr eine Angelegenheit für viele, die nun darauf warten, dass genau dieser Mensch sich mit seinen Möglichkeiten für sie zur Verfügung stellt (siehe Beispiele *Alice Schwarzer* Seite 61 und *Martin Luther King* Seite 63).[3]

Menschen, die bereits eine gewisse gesellschaftliche Bedeutung haben, werden auf Ingressaspekte zum eigenen Uranus, Neptun und Pluto eher in ihren Aktivitäten reagieren (Beispiel *Nelson Mandela* Seite 54), als weniger politische Menschen, die nur als Teil einer bestimmten Generation kollektiv mitbetroffen sind.

Zum Vergleich mit einem Ingresshoroskop bieten sich auch andere Horoskope an, die z.B. für die Gründung eines Staates, einer Firma (Angestellte) oder zur Eröffnung eines politischen Gebäudes (Besucher), für ein Schiff (Passagiere) oder den Start eines Flugzeugs gelten. Wir vergleichen dabei immer eine große Gemeinschaft, deren Möglichkeiten im Ingress liegen mit einer kleinen Gemeinschaft und deren Horoskop.

---

[3] In Wahlprognose mit Astrologie ist ein weiteres Beispiel von Aspektwiederholung enthalten: Bürgermeisterwahl München 3.3.2002 mit dem Wahlsieger *Christian Ude* (* 26.10.1947)

Widderingress

Mundane Bedeutung

Mars, der Kriegsgott der Antike, gilt als Herrscher des Zeichens Widder. Die großen Kriege spiegeln sich daher deutlich im Widderingress. So wie Kriege das ganze Land erschüttern, trifft die Widderenergie das ganze Horoskop und Widderthemen zeigen sich deswegen auch an anderen Achsen mit der dort typischen Wirkung. Widder steht auch für Pionierleistungen und den Neubeginn. Der Ingress muss uns in diesem Zeichen also nicht in Kriegspanik versetzen.

Der AC betrifft die Integrität des Landes als Ganzes. Später bei Krebs sehen wir im Unterschied dazu die Betroffenheit der im Land lebenden Menschen, nicht des Landes an sich.

Der Vietnamkrieg begann für Amerika am 30.7.1964 mit einem von der CIA provozierten Zwischenfall im Hafen von Tonkin. Angeblich sind amerikanische Schiffe von Vietcongeinheiten Nordvietnams angegriffen worden. Mit dem Kriegseintritt fällt im Widderingress für die beiden Hauptstädte Vietnams Saigon (Süden) und Hanoi (Norden): Neptun auf den AC. Das Land wurde mit Entlaubungsmitteln, Napalm und Unmengen Bomben fast unbewohnbar gemacht. Der Vietcong machte sich im Dschungel für die US-Soldaten dennoch unsichtbar (Neptun am AC). Einen echten Sieg konnten die Amerikaner in ihrem jahrelangen Krieg nicht erringen.

Der Irakkrieg 2003 begann einen Tag vor dem Eintritt der Sonne in den Widder. Die Diskussion im UN-Sicherheitsrat um die echten Kriegsgründe (Macht- und Wirtschaftsinteressen) und die vorgeschobenen (Befreiung der Iraker von ihrem Diktator) warf schon vor Beginn der Kriegshandlungen einen Schatten auf die USA. Der Krieg selbst war ein Kampf Davids gegen Goliath, der Irak war den USA völlig unterlegen. Mit Neptun am AC Bagdads wird die eigene Schwäche des Landes ebenso deutlich wie die mit manipulierten Berichten konstruierten Kriegsgründe, die zu dem Angriff geführt haben. Wie im Vietnamkrieg ist der Gegner unsichtbar und nach dem offiziellen Ende des Irakkrieges sind mehr amerikanische Soldaten als vorher gefallen.

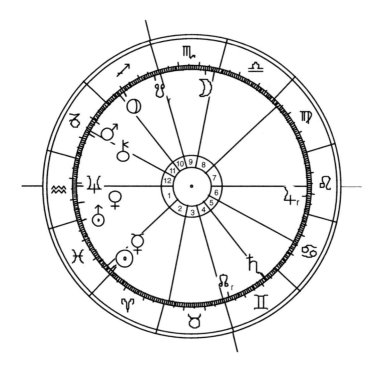

Horoskop 6: *Irakkrieg Widder 2003 (Bagdad)*

Beide Kriege zeigen mit Neptun am AC starke Verwandtschaft darin, wie es unter ungeklärten Umständen zum Krieg gekommen ist.

Das MC hat mit der Staatsautorität zu tun. Im Widderingress sind bei MC-Betonung hitzige Staatsaktionen zu erwarten.

Die sogenannte Spiegelaffäre stürzt das Land 1962 in einen der größten Skandale nach dem Krieg. Das Wochenmagazin „Der Spiegel" hatte unter dem Titel „Bedingt abwehrbereit" Mängel in der Bundeswehr angeprangert und damit sollen militärische Staatsgeheimnisse verraten worden sein. Der Verteidigungsminister *Franz-Josef Strauß* (CSU) hatte den Herausgeber des Wochenmagazin *Augstein* und dessen Redakteur *Ahlers* verhaften und die Redaktionsräume rechtswidrig durchsuchen lassen. Wegen der verletzten Pressefreiheit führten diese Aktionen zunächst zum Rücktritt des Ministers und zwangen Bundeskanzler *Adenauer* zu einer Regierungsumbildung.

Neptun am MC ist Zeichen für den Enthüllungsjournalismus bzw. den gegen die Zeitschrift erhobenen Vorwurf des Landesverrats, die Schwächung der Regierung und er stellt es in Zusammenhang mit dem Widderthema des Neubeginns einer Regierung.

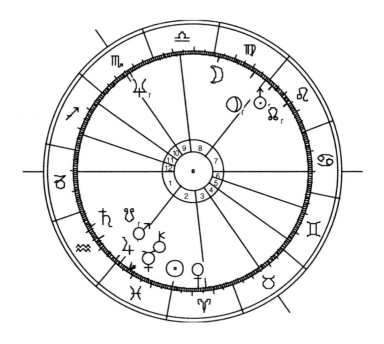

Abbildung 7: Spiegelaffäre Widder 1962 (Bonn)

Am IC kann im Widderingress die Volksseele in Aufruhr geraten.
Die Wiederbewaffnung Deutschlands 1955 durch eine Freiwilligenarmee bringt Pluto an den IC des Ingresses in Opposition zu Mond am MC. In der Bevölkerung (viertes Haus) wurde erbittert (Mond-Pluto-Opposition) darüber gestritten, ob militärische Mittel (Pluto) sich zur Sicherung des Friedens eignen könnten. In den Deutschen ist die Erinnerung des gerade vor 10 Jahren beendeten Weltkrieges besonders lebendig geworden, nachdem 10.000 deutsche Kriegsge-

fangene 1955 aus sowjetischer Gefangenschaft freigelassen worden waren.

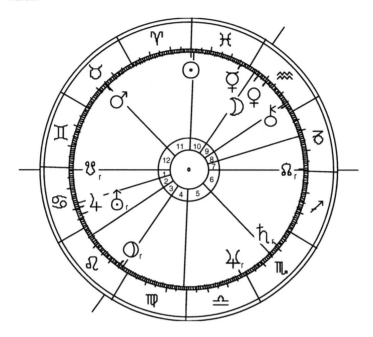

Horoskop 8: *Wiederbewaffnung Deutschlands Widder 1955 (Bonn)*

Das siebte Haus und der DC stellen den offenen Gegner und Partner dar, beim Widderingress im Zusammenhang mit Auseinandersetzungen.

Amerikas Kampf um eine UN-Resolution zur Kriegführung gegen den Irak (Irakkrieg) lag noch im Herbst 2002 und ergab für die USA einen Neptun am DC des Widderingress 2002. Die Kriegsgegner wurden von Präsident *Bush* als Koalition der Feiglinge (Neptun in 7) eingestuft und mit den von der englischen Regierung aufgebauschten bzw. gefälschten Geheimdienstberichten (Neptun) sollten die Zögernden noch zum Einlenken bewegt werden. Neptun im 7. Haus kennzeichnet den Gegner, der zum Feind erklärt wird, ohne es zu sein. *Bush* nannte den Irak zwar mit anderen Ländern einen „Schurkenstaat" der mit diesen eine „Achse des Bösen" bilde. Der Irak ist tatsächlich der Schwächste dieser Staaten. Der Krieg gegen den weltweiten Terrorismus sollte nach dem Anschlag am 11.9.2001 gegen das World Trade Center in New York nun gegen den Irak geführt werden, obwohl keiner der Terroristen von dort gekommen war. Mars im 10. Haus im Stier weist uns die eigenen wirtschaftlichen Interessen der USA als Kriegsziel. Fischeherrscher Neptun am DC unterstreicht das Kriegsziel, denn das 8. Haus sind die Vermögenswerte des Gegners Irak und fällt in das Zeichen Fische.

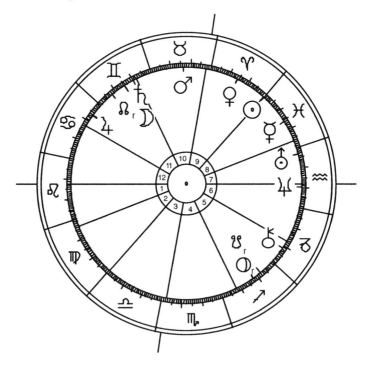

Abbildung 9: UNO-Debatte zum Irakkrieg Widder 2002 (Washington)

Persönliche Bedeutung

Die Ingress-Sonne hat im Verhältnis zu politischen Rivalen bei Ingresshoroskopen keine entscheidende Funktion, da sie jedes Jahr an dieser Stelle steht (0° Widder). Konkurrenten haben natürlich wegen der anderen Planeten untereinander von Jahr zu Jahr wechselnde Chancen und nicht jedes Jahr gleich.

Aspekte zum Mond deuten auf die Wählermehrheit im politischen Wettbewerb, weil das Echo in der Bevölkerung sich an der Wahlurne zählbar widerspiegelt (siehe oben Beispiel Bundestagswahl 1969, Kiesinger und Brandt Seite 24). Günstige oder ungünstige Aspekte zum Radix-Mond sind die persönliche Entsprechung dieses Zusammenhangs.

Die Sonne des Einzelnen ist seine Entfaltungsmöglichkeit, der Mond die Fähigkeit die Bedürfnisse seiner sozialen Umgebung zu fühlen, während Venus diplomatisches Geschick und Anerkennung gewährt. Jupiter verleiht in der Gesellschaft die Fähigkeit übergeordnete Prinzipien zu erkennen oder umzusetzen. Mit Saturn kann der Politiker die herrschenden Regeln einsetzen und Verantwortung übernehmen. Mars gibt schließlich die Durchsetzungskraft. Dies sind die gesellschaftlichen Erfolgsplaneten des Einzelnen. Werden sie verletzt, ist dies in der politischen Auseinandersetzung ausgesprochen schädlich. Besonders negativ wirkt auch der absteigende Ingress-Mondknoten auf diese Planeten. Denn der absteigende Mondknoten gibt Aufschluss, dass etwas/jemand seinem Wesen nach (Sonne) ohne den Beifall seiner Umgebung (Mond) zum Ziel gelangt; der absteigende Mondknoten zeigt dagegen, wo man im Trend liegt und mit Rückenwind dahinsegeln kann.

In *Wahlprognose mit Astrologie*[4] sind Beispiele dazu ausgeführt, wie sich in der politischen Rivalität der Widderingress auf die Siegeschancen auswirkt. In der jüngeren Vergangenheit hat sich das wieder bestätigt. Bei der französischen Präsidentenwahl schied *Jospin* mit einem Konjunktionsaspekt des Mondes aus dem Widderingress 2002 auf seinen südliche Mondknoten im Radix überraschend im ersten Wahlgang aus und der bisherige Amtsinhaber *Chirac* blieb auch im zweiten Wahlgang Sieger.

---

[4] Gerhard Lukert und Bernhard Firgau, Wahlprognose mit dem Horoskop, Tübingen 2002

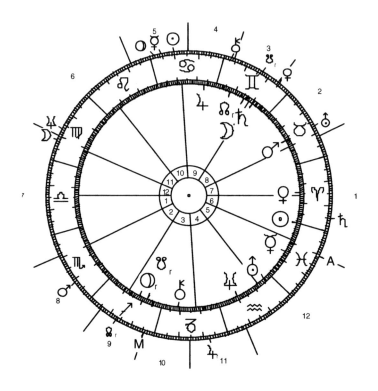

*Abbildung 10: innen: Präsidentenwahl Frankreich Widder 2002 (Paris), außen: Wahlverlierer Lionel Jospin * 12.7.1937 23:10 WET/S Meudon/F*

Auch die Oberbürgermeisterwahl in Kiel 2003 ist anschaulich: Erstmals seit 50 Jahren gewann die CDU und erstmals eine Frau (*Angelika Volquarz*, * 2.9.1946[5]). Die Siegerin hat im Radix eine Venus-Jupiter-Konjunktion, was Auszeichnung und Anerkennung in der Öffentlichkeit begünstigt. Diese Konjunktion steht wiederum genau über dem Ingress-MC (siehe Horoskop oben Seite 29). Negative wie positive Auslese sind also möglich.

---

[5] Quelle: Tageszeitung

Der Wettlauf (Widderthema) der Raumfahrtnationen UdSSR und USA kulminierte 1969 in der Mondlandung mit *Neil Armstrongs* erstem Schritt auf den Mond.

Radix *Neil Armstrong* (*5.8.1930, 12:31 EST Washington USA/Ohio) hat ein 0° genaues Mondtrigon zum Ingress-Mond, sein Radix-MC und -Sonne decken sich mit dem Ingress-AC (siehe Horoskop oben Seite 16).

Der US-Präsident *George W. Bush* schickte 2003 seine Truppen nach Bagdad in den Irakkrieg. Das Vorspiel waren Waffeninspektionen der UNO im Iran, die Klarheit bringen sollten, ob die Welt mit Massenvernichtungswaffen Saddam Husseins zu rechnen habe. Echte Beweise wurden nicht gefunden, aber *Bush* sah sich als Beschützer der Welt, der sich nicht vor der Pflicht drückt. In der UNO wurde heftig und anhaltend gestritten und den Amerikanern werden noch heute manipulierte Beweismittel vorgehalten. *Bush* ließ sich jedoch nicht beirren.

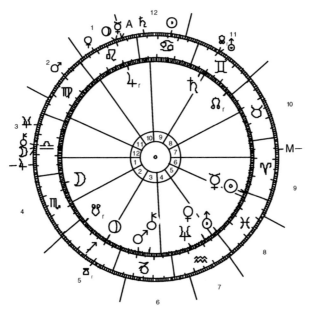

*Abbildung 11: innen: Irakkrieg Widder 2003 (Washington), außen: George W. Bush * 6.7.1946 7:26 EDT New Haven/USA*

Im Ingress fällt Pluto an der Spitze des 3. Hauses auf. Damit sind die Dokumente über die Massenvernichtungswaffen und die erbitterten Diskussionen belegt. Das Bush-Radix hat gradgenau die Mondknotenachse auf diesem Pluto liegen: *Bush* verbindet oder trennt die Parteien in der Diskussion schicksalhaft. Mit Radix-Jupiter und Radixmond am Ingress-AC und umgekehrt Ingress-Jupiter am Radix-AC gebärdet er sich wie ein strahlender Held. Saturn am Ingress-MC gibt ihm die Macht als oberster Kriegsherr der größten Militärmacht auf der Welt. Sein politischer Widersacher Bundeskanzler *Schröder* knüpft an den Widderingress in Form einer Saturn-Saturn-Konjunktion an, die für Washington berechnet ins neunte Ingresshaus fällt und für Berlin an den DC. Er denkt nicht daran, Truppen ins Ausland (9. Haus) zu schicken, solange keine völkerrechtliche Legitimation (Saturn in 9) in der UNO zustande kommt und blockiert damit fast seinen außenpolitischen Partner (Saturn am DC für Berlin).

Krebsingress

Mundane Bedeutung

Es geht um die Menschen, die in der Region leben, für die das Horoskop erstellt wird, also nicht das Land selbst. Die Häuser beziehen sich auf die klassischen Themen, haben aber alle einen zusätzlichen Bezug zum Bereich des Zeichen Krebs.

Ganz massive Wirkungen haben territoriale Änderungen im Staat auf die Bevölkerung, allein weil sie oft durch kriegerische Auseinandersetzungen und deren Folgen zustande kommen.

Die folgende Serie von drei Krebsingressen mit Sonne im achten Haus spricht für sich. Landgewinn und Landverlust sind Themen des achten Hauses.

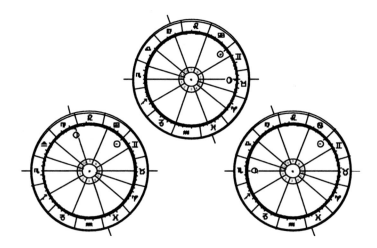

Abbildung 12: Deutsche Einigung Krebs 1870, Mauerbau Krebs 1961, Wiedervereinigung Krebs 1990 (Berlin)

Das deutsche Kaiserreich begann Anfang 1871. Pluto im Krebsingress 1870 zeigt sich am DC, mit der Teilung des Landes durch die Mauer 1961 am MC und 1990 zur Wiedervereinigung am AC. Jedes Mal waren die Folgen umwälzend für die gesamte Bevölkerung. Die Position Plutos erklärt sich wie folgt: Am DC beruhte die Umwälzung auf einem Vertrag (Waage, 7.Haus) der deutschen Einzelstaaten Ende 1870, am MC 1961 durch staatlichen (MC) Gewaltakt und 1990 durch das Identitätsgefühl (AC) „Wir sind ein Volk".

Am AC eines Krebsingresses treffen verletzende Aspekte die Bevölkerung mehr als dies im Widderingress der Fall wäre.

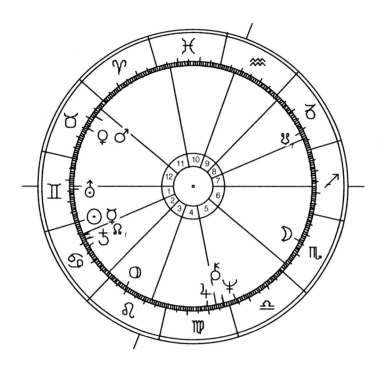

Abbildung 13: Atombombe Krebs 1945 (Hiroshima)

Der Abwurf der Atombombe in Hiroshima 1945 belegt mit Uranus am AC (für Hiroshima) deutlich die körperliche Betroffenheit der

Menschen durch diesen tödlichen Blitzschlag. Das einzelne Flugzeug kam in höchster Höhe fast unbemerkt (Sonne Quadrat Neptun) übers Land um die Menschen mit unvorstellbarer Gewalt (Mars im Quadrat zu Pluto) zu vernichten.

Auch am MC hat der Krebsingress für zahllose Menschen unmittelbare körperliche Bedeutung, es bleibt nicht immer bei Vorschriften des Staates (MC bzw. Steinbockprinzip), die ja ebenfalls einschneidend sein können. Beim Einsturz der Twin Towers des World Trade Center am 11.9.2001 in New York kommt der unversehene (Neptun) Anschlag von oben (MC). Der Ingress hat demzufolge in New York Neptun am MC.

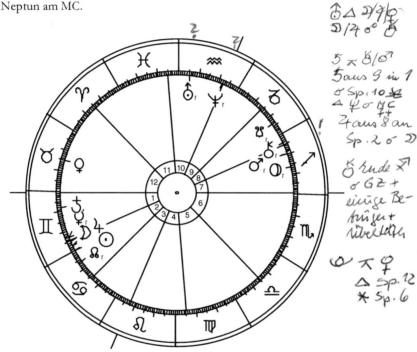

Abbildung 14: Anschlag vom 11.9.2001 auf World Trade Center Krebs 2001 (New York)

Am IC verdoppelt sich die Bedeutung des Krebsthemas, da das 4. Haus immer auch die natürliche Hauszuordnung von Krebs ist.

Im Januar 1943 (Krebsingress 1942) ordnet Hitler die „totale Mobilmachung" an. Mars und Pluto im 4. Haus zeigen die Sammlung aller militärischen Kräfte in der Bevölkerung, während Saturn und Uranus am IC die staatlich verordnete Mobilität ergeben.

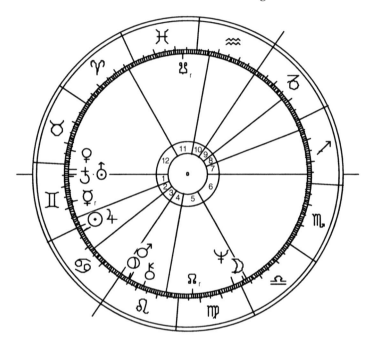

Abbildung 15: totale Mobilmachung im Zweiten Weltkrieg Krebs 1942 (Berlin)

Zum DC sei die Reichsgründung 1871 als weiteres Beispiel gegeben. Im Vorjahr kamen die deutschen Teilstaaten durch Vertrag überein, nach dem Muster des Norddeutschen Bundes die Reichsgründung vorzunehmen. Im 7. Haus stehen sich Verhandlungspartner (Venus) gegenüber, die beim Krebsingress die Sache ihres Volkes verhandeln. Venus und Pluto zeigen dabei an, dass einer der Verhandlungspartner (Preußen mit *Bismarck*) übermächtigen Einfluss hat.

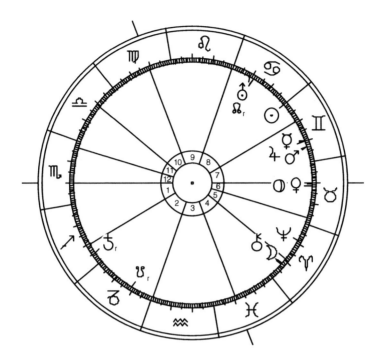

Abbildung 16: Deutsche Reichsgründungsverhandlung Krebs 1870 (Berlin)

Sehr aufschlussreich für die Bedeutung auch der übrigen Häuser ist der Volksaufstand in der DDR am 17.6.1956.

    Auslöser für die Proteste war die Anhebung der Arbeitsnormen für die Bauarbeiter, die auch bei größter Anstrengung nicht erreichbar waren. Im Krebsingress sehen wir Mars im 6. Haus (Arbeitsplatz) mit Quadrat zu Mond (das Volk). Der Herrscher des im Schütze liegenden vierten Hauses (Volk) ist Jupiter (Gerechtigkeitsempfinden) der mit einer exakten Plutokonjunktion zum Volkszorn hoch kocht, der lange unterdrückt war (Jupiter und Pluto an der 12. Hausspitze, Quadrat zu Saturn). Die Staatsgewalt (Saturn) walzt den Aufstand auf der Straße (3. Haus) nieder.

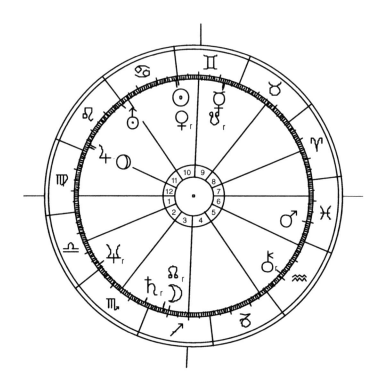

Abbildung 17: DDR-Volksaufstand Krebs 1956 (Berlin)

Persönliche Bedeutung

In persönlicher Hinsicht ist Fürsorge das Krebsthema, mit dem ein Krebsingress Beziehung zu einem Radix aufnehmen kann, wenn ein einzelner Mensch durch seine Zeitumstände zum Handeln aufgefordert ist.

Helmut Schmidt (23.12.1918 22:15 MEZ Hamburg[6]) war in Hamburg Innensenator, als im Februar 1962 die große Flut hereinbrach. Ohne Rücksicht auf bürokratische Hemmnisse packte er effektiv zu und organisierte Rettungsaktionen und Schutzmaßnahmen für die notleidende Bevölkerung. Sein Radix-Saturn passt genau auf den MC des vorangegangenen Krebsingresshoroskops 1961. Sein Neptun

---

[6] Quelle: IHL

steht zum Neptun des feuchten Zeitgeschehens im Quadrat. Dieser Einsatz machte Schmidt bundesweit bekannt und bestimmte sein Image als Macher auch noch in der Zeit, als er längst deutscher Bundeskanzler war.

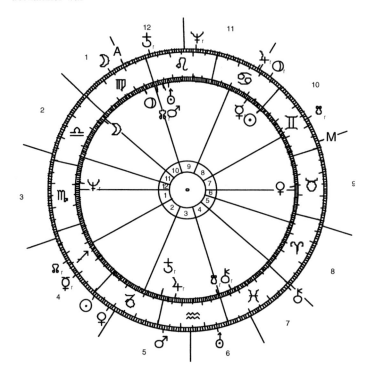

*Abbildung 18: innen: Flut in Hamburg Krebs 1961 (Hamburg),
außen: Helmut Schmidt (*23.12.1918 22:15 MEZ Hamburg)*

Waageingress

Mundane Bedeutung

Die Waage ist Zeichen des Abwägens widerstreitender Interessen. Diplomatie und Verträge speziell auch Friedensverträge stehen unter diesem Zeichen. So wie die Waagschalen auseinanderstreben, gehen auch die streitenden Parteien äußerlich wieder auseinander, während sie innerlich aufeinander zugehen. Sieg im Nachgeben. Bei ungleichen Friedensverträgen werden die ungleichen Machtkonstellationen deutlich.

Auch im Waageingress besitzen die Häuser zusätzlich zu ihrer klassischen Bedeutung einen Waage-Einschlag.

Der AC hat im Waageingress die eigene Verhandlungsposition im Blick, sozusagen auf „gleicher Augenhöhe" wie der Verhandlungspartner (DC).

Die Wende in der Ostpolitik nach dem zweiten Weltkrieg trat ein, als *Willy Brandt* (SPD) mit Russland am 12.8.1970 den Moskauer Vertrag schloss. Deutschland verzichtete darin indirekt auf ehemals deutsche Gebiete im Osten. Der vorangegangene Waageingress 1969 zeigt Uranus am AC (überraschender Neubeginn der Beziehungen), Saturn in 8 (Verzicht auf Gebietsansprüche) und Mars am IC: Die Opposition ist empört über die Aufgabe der Ansprüche der Vertriebenen. In der Presse wird die politische Vergangenheit der Verhandlungsführer Brandt, Wehner, Bahr durchleuchtet und diese als Vaterlandsverräter verunglimpft (Neptun in 3).

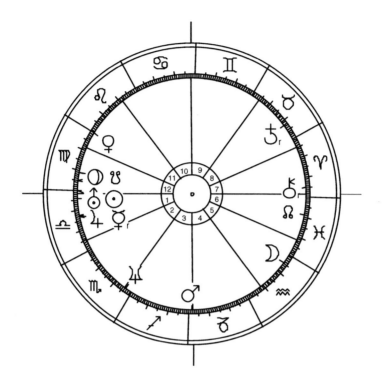

Abbildung 19: Wende in der Ostpolitik Waage 1970

Am MC im Waageingress treffen wir auf höhergestellte Verhandlungspartner. Dies zeigt sich an einigen Beispielen:

In Genf berieten 1958 die Außenminister (Jupiter) der vier Siegermächte des Zweiten Weltkriegs über das Schicksal Deutschlands und Berlins. Deutschland entsendet als Verlierer (Neptun) nur Beobachter. Die Außeneministerkonferenz scheitert wegen Neptun und trotz Jupiter mit beiderseitigem MC-Kontakt. Die Folgen des Krieges sind auch 1970 wieder Thema der 4 Siegermächte (4-Mächte-Abkommen) und auch des deutsch-polnischen Vertrags. Erfolg brachte die Sonne 0°Waage am MC mit Pluto 3° davor.

Interessant ist aus der jüngsten Gegenwart der Waageingress 2002, der an drei Beispielen „höhere Gewalt" durch Saturn am MC zum Ausdruck bringt, einmal als Völkerrecht im internationalen Bereich, dann als Arbeitsgericht im Streik und drittens als die für die Sozialversicherung bestehende Alterspyramide, welche man als bestehende Tatsache nicht verhandeln kann.

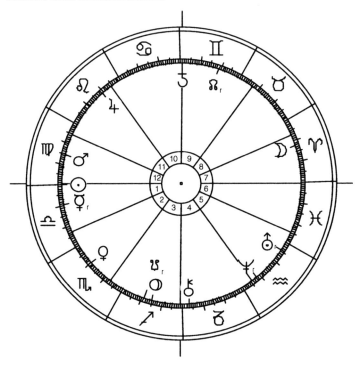

Abbildung 20: Schröders Nein zum Irakkrieg Waage 2002 (Berlin), erfolgloser Metallerstreik 2003, Kompromiss zwischen Regierung und Opposition zur Gesundheitsreform

Das Verhältnis der Deutschen zu den Amerikanern ist seit dem Zweiten Weltkrieg von Dankbarkeit wegen der Wiederaufbauhilfe geprägt aber auch von Argwohn, der „große Bruder" könnte sich über den kleinen Partner Deutschland arrogant hinwegsetzen. Im Jahr 2002 gab es eine erhebliche Abkühlung der traditionell guten Beziehungen, da *Schröder* den geplanten Irakkrieg der Amerikaner als Abenteuer bezeichnet, an dem er nicht teilnehmen wolle. Vorrang vor Machtpolitik müsse das Völkerrecht haben, wurde als eigentliche Botschaft signalisiert. Mit *Schröders* Nein sehen wir 2002 Saturn am Waageingress-MC. Das Völkerrecht (Saturn) hat die höchste Stellung,

Sonne am AC äußert sich im neuen Selbstbewusstsein des ersten Kanzlers, der sich den Amerikanern nicht als „Jasager" präsentiert hat. In den selben Ingress fallen zwei weitere Ereignisse, an denen die Öffentlichkeit intensiv teilgenommen hat:

In der ostdeutschen Metallindustrie wurde 2003 für gleiche Löhne wie im Westen gestreikt. Die IG-Metall blockierte einige Betriebe, so dass arbeitswillige Arbeitnehmer nicht an den Arbeitsplatz konnten. Ein Gericht verbot der Gewerkschaft diese Nötigung und letztlich brach sie den Streik völlig erfolglos ab. Dies war ein Novum in der Geschichte der IG-Metall, die ihre Forderungen immer hatte durchsetzen können. Die Sonne am AC zeigt das übertriebene Selbstbewusstsein, der DC-Herrscher Mars im 12. Haus repräsentiert den unterschätzten Arbeitgeber/Gegner, der mit der höheren Autorität der Justiz (Saturn am MC) sich unerwartet stark zur Wehr setzen kann.

Die Gesundheitsreform 2003 erfuhr eine Wende, als die CDU-Vorsitzende *Merkel* und für die CSU deren Gesundheitsexperte *Seehofer* mit der Regierung Schröder in Verhandlungen eintraten, wie die Lasten neu verteilt werden sollen, um das Kranken- und Rentenversicherungssystem zu retten. Die Regierung wird für das Problem der immer älteren Bevölkerung verantwortlich gemacht, aber auch die Alten selbst; dies alles repräsentiert Saturn am MC. Die Regierung hat ein ungebrochenes Selbstbewusstsein (Sonne am AC), die Opposition ist froh, nicht selbst die Regierungsgeschäfte führen zu müssen und versteckt sich in der Rolle des Kritikers aus der zweiten Reihe (Mars als DC-Herrscher in 12). Da beide Seiten in Verhandlungen ihre Positionen vertreten, werden die Planetenherrscher der waagrechten AC-DC-Achse verglichen. Denn die Beteiligten begegnen sich gleichberechtigt. Keiner kann ohne den anderen das Ziel erreichen. Sonst wäre es Sache der senkrechten Achse von MC (Regierung) und IC (Opposition).

Für den Waageingress ist das 7. Haus bzw. der DC der markanteste Bereich, weil dort im Horoskop das Waagethema liegt. Im Ingress typisch sind z.B. Friedensverträge und zwischenstaatliche Vereinbarungen.

Der Koreakrieg ist beendet aber bis heute schwelt der Konflikt weiter. Nordkorea droht mit Atomwaffen. Schauen wir den Waffenstillstandsvertrag von 1953 an, erkennen wir, dass eine Venus als Symbol eines Friedensvertrages genau zwischen Mars und Pluto am DC eingeklemmt ist. Mehr als ein Waffenstillstand war da nicht drin.

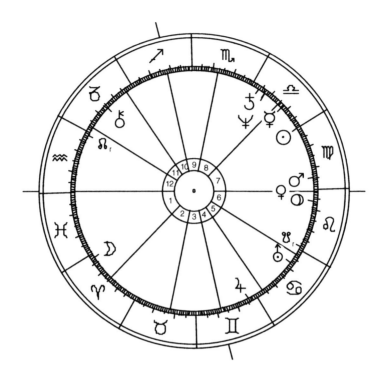

Abbildung 21: Waffenstillstand Korea Waage 1953 (Seoul)

Der 1963 geschlossene Freundschaftsvertrag zwischen DDR und UdSSR täuscht mit Neptun am DC über das Wesen einer Freundschaft hinweg. Die Mondknotenachse auf MC/IC zeigt eher das Thema einer Unterordnung und nicht die Gleichberechtigung zweier Partner.

Am IC sind die Menschen im Land besonders im Blickpunkt der Verhandlungen. Das ergab sich schon an dem Beispiel des Moskauer Vertrags oben, in dem die Vertriebenen den Verlust ihrer Heimat beklagten.

Die sogenannte Stalinnote 1951 war ein Angebot der Sowjets an *Adenauer*, die Wiedervereinigung der beiden deutschen Staaten zu betreiben. *Adenauer* sah darin den Versuch, die Westbindung an die USA aufzubrechen. Deutschland wäre neutrale Zone und vielleicht als Ganzes das Objekt der Begierde für die Russen. Der Vertrag als heimliche Bedrohung der Bevölkerung (Haus 4) statt eines Friedensangebots zeigt sich hier in Mars und außerdem Pluto am IC. Für die Mundanastrologie wird an diesem Beispiel deutlich, dass es nicht immer allein darum geht, ob die Bedrohung wirklich existiert, sondern die Verhandlungslage so empfunden wird.

Der 1961 geschlossene Elyseevertrag mit Frankreich brachte gute nachbarschaftliche Beziehungen der Völker. Jupiter und Saturn am IC bedeuten gesellschaftliche und rechtliche Konformität für die Bevölkerung.

Persönliche Bedeutung

Eignet sich jemand als Verhandlungsführer in einer öffentlichen Sache? Das ist die Fragestellung bei persönlichen Ingressbeziehungen unter der Waage.

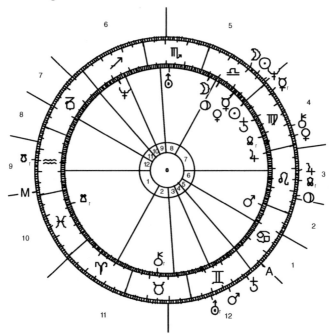

Abbildung 22: innen Solidarnosc-Bewegung Waage 1979 (Danzig)
außen: Lech Walesa *29.9.1943 22:15 MET/S Popowo, Polen

Lech Walesa (*29.9.1943 22:15 MET/S Popowo, Polen) gelang es im August 1980 die streikenden Werftarbeiter in Danzig gegenüber dem kommunistisch geführten Staat so geschickt zu vertreten, dass die neu gegründete Gewerkschaft Solidarnosc als politische Interessenvertretung anerkannt wurde. *Walesas* Jupiter stand exakt am DC des Waageingress von 1979, der Ingress-Jupiter am IC von *Walesas* Radix. Er wurde an der Basis (sein viertes Haus) und als Sprecher gegenüber dem Staat (Ingress-DC) anerkannt (Jupiter). Der richtige Mann zur richtigen Zeit hatte Erfolg.

Steinbockingress

Mundane Bedeutung

Das Steinbockthema ist staatliche Ordnung als solche und das Machtgefälle im Sinne der Unterordnung der Bürger unter die staatliche Verwaltung oder Auflehnung gegen die Bevormundung.

Die waagrechte Achse AC-DC steht zum Thema Macht und Autorität in einem eher fremden Verhältnis. In manchen Staaten, wie z.B. Deutschland und Österreich, hat der Bundespräsident hauptsächlich Repräsentationsaufgaben ohne wirkliche Macht. Auf dem diplomatischen Parkett begegnet er gleichwertigen Gesprächspartnern, nämlich den Repräsentanten der anderen Staaten. Für Ereignisse dieser Art wählen wir einerseits den Steinbockingress, weil staatliche Autorität betroffen ist und bei den Achsen die AC-DC-Achse, weil es um Außendarstellung bzw. Begegnung auf dieser Ebene geht.

In Österreich wurde Kurt Waldheim (*21.12.1918 23:25 MET St.Andrä-Wördern, A)[7] nach heftigen Protesten aus dem Ausland 1986 in das Amt des Bundespräsidenten gewählt. Ihm wurde die Beteiligung an Kriegsverbrechen der deutschen Wehrmacht im Zweiten Weltkrieg vorgeworfen. Trotz seiner Wahl verhängten die USA gegen ihn ein Einreiseverbot für Reisen privater Natur. Wegen der internationalen Ächtung verzichtete er 1992 auf eine neue Kandidatur. Im vorausgegangenen Steinbockingress steht Saturn am AC und zeigt damit den Amtsverzicht des Staatsoberhaupts. Am DC sehen wir Chiron als die offene Wunde in der Begegnung des Landes mit anderen. *Waldheims* Neptun (die Skandalvergangenheit) ist übrigens gradgenau mit Chiron in Konjunktion.

---

[7] Quelle: IHL

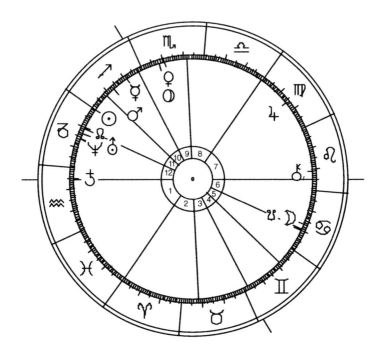

Abbildung 23: Bundespräsident Waldheim verzichtet auf Wiederwahl Steinbock 1991 (Wien)

Das MC ist im Steinbockingress die Verdoppelung des Themas Staatsautorität.

Die französische Revolution zeigt im vorangegangenen Ingress 1788 den übrigens zu dieser Zeit entdeckten Uranus am MC. Der Sturz der absolutistischen Adelsschicht war damit bestens gekennzeichnet. Ähnliches sehen wir 1978 im Iran nach dem Sturz des Schahs von Persien durch *Chomeini* (Uranus am MC). In beiden Fällen war die Bevölkerung nicht wirklich befreit, sondern unter die Schreckensherrschaft der Nachfolger geraten.

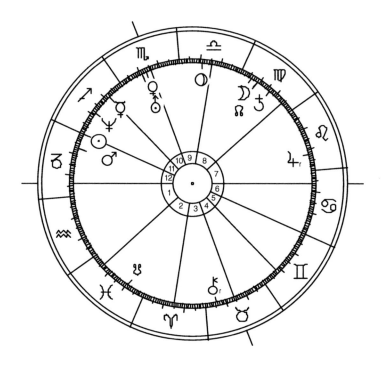

Abbildung 24: Chomeini stürzt den Schah von Persien Steinbock 1978 (Teheran)

Am IC des Ingress lassen sich durch einen Umsturz eingetretene Veränderungen für die Bevölkerung (4. Haus) gut nachweisen:

Das Ende der Apartheid (Rassentrennung) in Südafrika und die Wahl *Nelson Mandelas* zum Staatspräsidenten wurde 1994 durchgesetzt mit Pluto in IC-Konjunktion (Steinbockingress 1993 Kapstadt, siehe Seite 54). Es wurde mehr als eine rechtliche Gleichstellung von Schwarzen und Weißen. Dafür hätte Saturn wohl genügt. Mit Pluto lösten sich erst einmal die unterdrückten Aggressionen, die explosive Zunahme der Kriminalität ist beispiellos.

Auch die Art der Autorität wird im Steinbockingress deutlich. Als Haile Selassie, der letzte Kaiser von Äthiopien, Anfang 1974 abdankte, ging die Macht auf eine Militärkommission über, die die künftige Regierungsform ausarbeiten sollte. Die Vorstellung einer Rechtsordnung gehört zu Jupiter, eine Verhandlungskommission ist Sache der Venus. Beide Planeten stehen 1973 am IC (siehe oben Horoskope

Seite 16). Mit der Verabschiedung einer verbindlichen demokratischen Verfassung gelangt 1975 Saturn an den IC Äthiopiens.

Auch die Russische Revolution und die Auflösung der Sowjetunion finden sich für die Bevölkerung spürbar wieder im Ingress 1917 mit Pluto am IC in Krebs (das Volk) und 1989 mit Uranus am IC in Steinbock: die staatlich verordnete Völkergemeinschaft der Sowjetunion wird gesprengt.

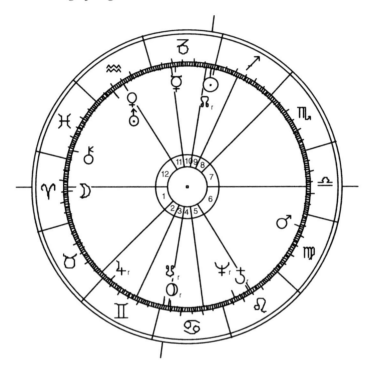

Abbildung 25: Russische Oktoberrevolution Steinbock 1917 (Moskau)

Am DC eines Steinbockingresses können wir uns das Eingreifen außenstehender Mächte vorstellen.

Afghanistan geriet unter das fundamentalistische Regime der Taliban, die ihrem Volk Zeitungen, Fernsehen und andere westliche Informationen verboten, Kulturdenkmäler zerstörten usw. 1998 griffen ausländische Truppen aufgrund eines UNO-Mandats ein und stürzten die Regierung.

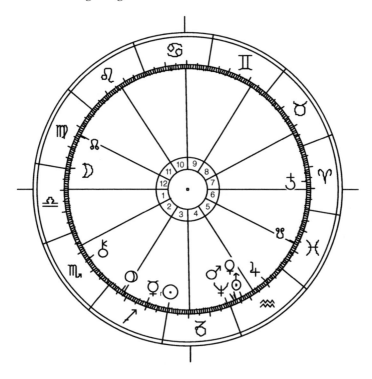

Abbildung 26: Taliban-Regime wird von außen gestürzt Steinbock 1997 (Kabul)

Mond ist Herrscher des MC (Krebs) und findet sich im 12. Haus im abseits der Machtpolitik wieder. Am DC erkennen wir in Saturn (UNO-Mandat), wie ein offener Gegner in das Land eindringt, um seine Ordnungsvorstellungen durchzusetzen. Hauptproblem der Friedenssicherung ist die Rivalität der einzelnen Volksstämme (Mars in 4), die regionale Unabhängigkeit (Uranus in 4) für sich und ihre Stammesfürsten fordern. Für die Gesamtbevölkerung ist die Versorgung mit überlebenswichtigen Gütern kaum zu bewältigen (Neptun in 4).

Persönliche Bedeutung

Verantwortung ist mehr, als nur einen Rivalen aus dem Feld zu schlagen (Widderthema). Nicht „Ich bin der größte" sondern „Die Sache, für die ich eintrete, ist für mich die größte" wäre das jeweilige Motto zur Unterscheidung. Zweifellos wird das in der Politik oft miteinander vermischt.

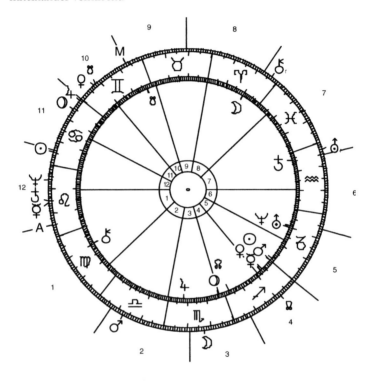

*Abbildung 27:innen: Aufhebung der Apartheid Steinbock 1993 (Kapstadt), außen: Nelson Mandela * 18.7.1918 8:45 EET Umtaka, Südafrika*

Nelson Mandela (* 18.7.1918 8:45 EET Umtaka, Südafrika[8]) wurde der 1. Staatspräsident nach Abschaffung der Apartheid. Zum Steinbock-

---

[8] Quelle: IHL

ingress 1993 für Südafrika stellt sich sein Radix-Uranus gradgenau ins MC-IC-Quadrat in gleichzeitiger Konjunktion mit Ingress-Saturn. Es prallen Tradition und Revolution aufeinander. Dabei ist die Rollenverteilung klar. Die Zeit der Apartheid ist ein kollektives Thema (Saturn im Ingress) und die Revolution ist mit dem politischen Wirken des *Nelson Mandela* verbunden. Ein Einzelner (Uranus), der aus der jahrelangen Haft heraus zur personifizierten Idee des Umsturzes (Uranus) wurde.

Sonneningresse in die Nebenzeichen

Ingress in fixe Zeichen

Troinski empfiehlt seinem Leser auch die Ingresse in alle anderen Tierkreiszeichen und Ingresse des Mondes in die einzelnen Zeichen zur Untersuchung. Bevor wir in der Datenflut unserer Astrologieprogramme untergehen, schlage ich vor, Wesentliches von Unwesentlichem zu unterscheiden, indem thematische Schwerpunkte gesetzt werden.

Die Quartalsingresse betreffen kardinale Zeichen und verbinden sich deswegen mit deutlicher wahrnehmbaren Ereignissen. Die nachfolgend besprochenen Sonneningresse in die Nebenzeichen mögen belegen, wie sie auf ihre Weise Ereignisse zeitigen, die der Öffentlichkeit dauerhaft in Erinnerung geblieben sind.

Geld ist Sache des zweiten Hauses und dessen verwandten Zeichen **Stier**.

Mit der Währungsreform 1948 wurde in beiden Teilen Deutschlands die alten Banknoten in Reichsmark, die Sparbücher und Konten ungültig und jeder begann mit der neuen D-Mark. Mit der neuen Währung wurde auch ein großer Teil der staatlichen Preisvorschriften abgeschafft. Der AC (Berlin für beide deutsche Staaten!) fällt in das Zeichen Stier. Venus, Herrscherin des Stier und Uranus (die Reform) sind im zweiten Haus in den Zwillingen (Geld und Handel) an der richtigen Stelle.

Der spätere Bundeskanzler und damalige Wirtschaftsminister Ludwig Erhard (* 4.2.1897 2:45 MET Fürth/Franken[9]), der die DM einführte und gegen den Willen der amerikanischen Besatzungsmacht die Zwangsbewirtschaftung beendete, trifft mit seinem Mars, Neptun und Pluto ins zweite Haus des Stieringress. Er kombiniert die Entschlossenheit (Mars) mit der Aufhebung (Neptun) der staatlichen Wirtschaftslenkung und der alles umwälzenden (Pluto) Währungsreform.

---

[9] Quelle: IHL

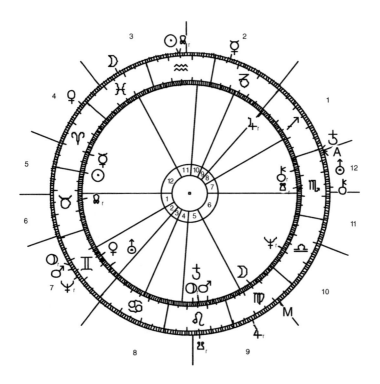

*Abbildung 28: innen: Währungsreform Stier 1945 (Berlin),
außen: Ludwig Erhard * 4.2.1897 2:45 MET Fürth/Franken*

Löwe ist Symbol für die Bühne der High Society, der Sportler, Stars und des Showgeschäfts.

Steffi Graf (*14.6.1969 4:40 MEZ Brühl[10]) gewann 1988 (noch im Löweingressjahr 1987) ihr erstes Wimbledonfinale mit einem Ingress-MC (Wimbledon) zwischen ihrer Radix-Sonne und ihrem Radix-Mond. Berechnen wir den Ingress nicht auf den Austragungsort, sondern für die damalige Hauptstadt ihres Heimatlandes, also Bonn, fällt der Ingress-AC genau auf Ingress-Jupiter. Ein Sportereignis, dessen sich das Land heute noch gerne rühmt.

---

[10] Quelle: IHL

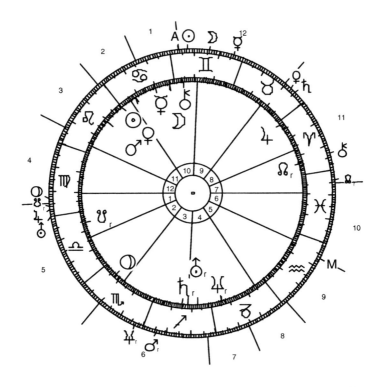

Abbildung 29: innen: 1. Wimbledonsieg Steffi Graf Löwe 1987 (Wimbledon, GB), außen: Steffi Graf * 14.6.1969 4:40 MEZ Brühl

Ihren eigentlichen Durchbruch hatte sie schon am 19.5.1986, als sie die damalige Nr. 1 der Tennisdamenwelt *Martina Navratilowa* in Berlin besiegte. Der Löwe-Ingress 1985 bildet mit seinem Jupiter und Uranus exakte Aspekte zu ihrem Radix-Mond. Der Ingress-Neptun krönt den Ingress-MC (Bonn). Sie wird das Idol der deutschen Tennispielerinnen.

Auch bei *Boris Becker* (*22.11.1967 8:45 MET Leimen) verbindet der Löweingress (1984), in dessen Zyklus er seinen ersten Wimbledonsieg errang (7.7.1985), sich mit dem Radix auf außergewöhnliche Weise. Radix-Uranus am MC von Wimbledon machte die Sensation im Tennis-Mekka perfekt. Der Ingress-Uranus steht außerdem am Ingress-AC der deutschen Hauptstadt, der in diesem Jahr auch noch mit dem Becker-AC zusammenfällt. Schaut man noch auf den Löwe-

Ingress des nächsten Jahres (1985), steht Beckers Radix-Mond am Wimbledon-MC. „Wimbledon ist mein Wohnzimmer" (Mond) hört man den Tennisspieler später im Fernsehen sagen.

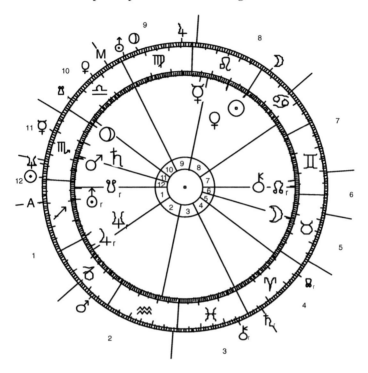

Abbildung 30: innen: 1. Wimbledonsieg Boris Becker Löwe 1984 (Wimbledon, GB), außen: Boris Becker *22.11.1967 8:45 MET Leimen

Skorpion symbolisiert transformatorische Kräfte, Leben und leben lassen.

Im Oktober 1997 begann in Mannheim eine Ausstellung „Körperwelten", in der der Pathologieprofessor *Gunther von Hagens* (*10.1.1945) die präparierten Leichen Verstorbener der Öffentlichkeit präsentierte. Die Ausstellung reiste anschließend durch andere deutsche Städte, weshalb für den Ingress nicht Mannheim, sondern Berlin zugrundegelegt wurde. *Von Hagens* verteidigte sich gegen den Vorwurf der taktlosen Effekthascherei damit, dass er das Privileg der

Medizin, das Wunder des menschlichen Körpers zu betrachten zugunsten der Allgemeinheit brechen wolle. Im Skorpioningress der Sonne 1997 sehen wir diesen Streit. Das neunte Haus (Wissenschaft) schließt das Zeichen Jungfrau (Heilkunde) ein. Die Wissenschaftskollegen werfen von Hagens vor, es gehe ihm nicht wirklich um die Bildung des Publikums; er wirft ihnen vor, allgemeines Bildungsgut vor anderen wegzuschließen. Der Tod als Thema des achten Hauses wird dem Publikum als Show präsentiert (Löwe-Mond in 8). Pluto am AC spricht die Tabuthemen wie Tod und Sterben in der Öffentlichkeit an.

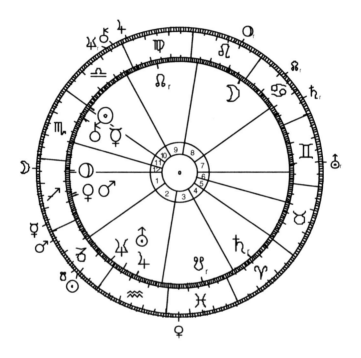

Abbildung 31:innen: Ausstellung „Körperwelten" Skorpion 1997 (Berlin), außen: Gunther von Hagens

Der Pathologieprofessor hat bezeichnenderweise seinen Radix-Chiron am Ingress MC und Radix-Mond beim Ingress-Pluto. Er selbst ist damit eine Art persönliches Spiegelbild der Ausstellung.

Sein Neptun im 10. Ingresshaus kann man im Zusammenhang mit der öffentlichen Diskussion sehen, ob er die Leichen immer auf vertretbare Weise erhalten hat oder ob dort auch Opfer von Hinrichtungen aus Rußland und China dabei sind.

Zum Ingress in **Wassermann** fällt einem der Themenkreis der Französischen Revolution ein: Gleichheit, Freiheit, Brüderlichkeit.

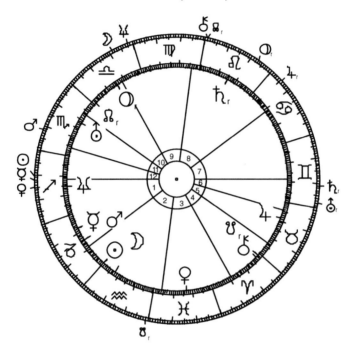

*Abbildung 32: innen: Zeitschrift „Emma" Wassermann 1977 (Bonn), außen: Alice Schwarzer * 3.12.1942*

Die Emanzipation der Frau wurde von der Journalistin *Alice Schwarzer* (* 3.12.1942 Wuppertal-Elberfeld) mit der Frauenzeitschrift „Emma" unterstützt. Die Erstausgabe am 1.2.1977 lag kurz nach dem Wassermanningress der Sonne. Das Radix von *Alice Schwarzer* und der Ingress haben beide eine Verbindung zwischen Chiron und Mondknoten. Im Ingress mit dem absteigenden Knoten im 4. Haus.

Die Beziehungen in der Familie sind offenbar reparaturbedürftig. Bei *Schwarzer* umarmt der aufsteigende Knoten den Chiron im achten Ingresshaus. Die Lösung des Beziehungsproblems (Mondknoten) steht für sie mit den „ehelichen Pflichten" in einem Zusammenhang (Saturn in 8). *Alice Schwarzer* hat Venus und Merkur am Ingress-AC (Frauenzeitschrift) und Uranus im 11. Ingresshaus (Befreiungsthema doppelt). Für ihren gesellschaftlichen Erfolg außerordentlich hilfreich ist ihr Radix-Mond am Ingress-MC, obwohl der Ingress-Pluto im 10. Haus unterschwellige öffentliche Anfeindungen mit sich bringt.

Ingress in veränderliche Zeichen

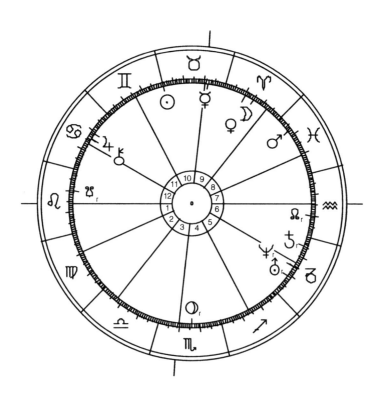

Abbildung 33: Handelsembargo Öl für Nahrung Zwillinge 1990 (Bagdad)

Am 6.8.1990 wird über den Irak ein fast vollständiges Handelsembargo verhängt. Das für Handel zuständige Zeichen ist **Zwillinge**. Das Hauptthema "Handel" steht hoch oben am MC. Venus als Herrscherin der Waage (hier 3. Haus) ist im Exil im Widder gelandet. Der Eintritt der Sonne in Zwillinge führt für Bagdad zu einem Pluto im vierten Haus. Die Bevölkerung ist das ohnmächtige eigentliche Opfer dieser politischen Maßnahme. Neptun in 5 steht für die unterernährten Kinder, Saturn in 6 für das stagnierende Gesundheitswesen.

Mit dem passenden **Zwillings**ingress sind auch die großen politischen Reden begünstigt.

Am 28.8.1963 nach dem Marsch auf Washington hielt *Martin Luther King* (* 15.1.1929, 12:00 CST Atlanta/GA)[11] vor 250.000 Menschen seine berühmte Rede „I have a dream..." von der Gleichberechtigung der Afroamerikaner. Im aktuellen Ingress und im Radix finden wir den Kampf gegen die bestehenden Gesetze (Mars Opposition Saturn). Sein Traum (Radix-Neptun) steht am 12. Haus des Ingresses (die Unterprivilegierten) in Konjunktion mit Uranus (die Befreiung). Herrscher des dritten Skorpion-Hauses ist Pluto, der ebenso im 12. Haus enorme Energie bei den Unterdrückten freisetzt. Die Sonne im 9. Haus deutet auf einen Inhalt, der nicht bangloses Talkshowgeschwätz, sondern eine politische Vision ist. *Martin Luther Kings* Wirkung wird dadurch besonders unterstützt, dass wir eine Aspektwiederholung im Radix und Ingress durch eine Mars-Saturn-Opposition haben. Diese Mars-Saturn-Opposition aus dem Radix liegt einerseits auf der MC-IC-Achse des Ingresses liegt und damit gleichzeitig im Trigon zur Mars-Saturn-Opposition des Ingress.

---

[11] Quelle: DAV-Datenbank

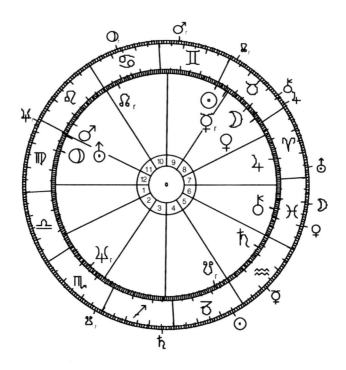

*Abbildung 34: innen: „I have a dream" Zwillinge 1963 (Washington),
außen: Martin Luther King * 15.1.1929, 12:00 CST Atlanta*

Die wechselseitigen Beziehungen sagen uns an diesem Beispiel: Der richtige Mann hielt zur richtigen Zeit am richtigen Ort eine Rede, die bis heute gerade aus diesem Grund nicht vergessen ist.

Das Zeichen **Jungfrau** verbinden wir mit sozialen und medizinischen Diensten.

Was heute Routine ist, galt am 3.12.1967 als Sensation. Der südafrikanische Chirurg *Christiaan Barnard* (*8.11.1922 20:00 EET Beaufort West/Südafrika)[12] setzte einem Patienten das Herz eines kurz zuvor Verstorbenen ein. Der Jungfrauingress 1967 für Kapstadt zeigt Uranus genau auf der Spitze des 6. Hauses, welches ebenso Krankheit und Gesundheit repräsentiert. Das Revolutionäre ist zunächst von

---

[12] Quelle: IHL

ungewissem Erfolg, weil es zu Abstoßungsreaktionen kommt. Der Körper erkennt das fremde Herz als etwas Fremdes. Die zweifelhafte Hoffnung in die Organentnahme bei einem anderen Menschen (Neptun und Mars in 8) bezieht sich auf das Herz. Das Herz gehört zum Prinzip Sonne bzw. dem 5. Haus. Die Ingress-Sonne steht im 5. Haus mit Venus und Pluto. Auch hier ist das Prinzip des Überlebens durch den Tod eines anderen (Pluto) als Glücksfall (Venus) für das kranke Herz sichtbar. Auch die Mondknotenachse in Haus 1/7 dazu noch am Beginn von Stier/Skorpion signalisiert Geben und Nehmen, Leben und Leben lassen.

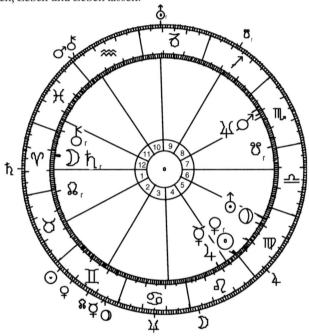

Abbildung 35: innen: Jungfrau 1967 (Kapstadt), außen: Philipp Blaiberg *24.5.1909

Der erste Patient, der die Transplantation auch überlebte wurde mit Barnard berühmt. *Philipp Blaiberg* (*24.5.1909) platziert seinen Uranus an den Ingress-MC, Saturn an den AC. Amüsant ist angesichts des Namens, dass dem Planeten Saturn traditionell das Metall Blei zugeordnet ist. *Barnard* wiederum hat in seinem eigenen Radix Uranus am

MC, also eine Aspektwiederholung aus dem *Blaiberg*-Radix und dem Jungfrauingress 1967.

Der **Schütze** blickt in die Ferne. In der Mundanastrologie steht er für Außenpolitik. Bei Amerikas Versuch für den Irakkrieg Anfang 2003 Partner zu werben, fühlte es sich von den Deutschen brüskiert (Uranus) und versuchte mit unterschwelligen Machtspielen (Pluto) Deutschland und auch andere Länder zum einlenken zu zwingen. Im zurückliegenden Schützeingress 2002 überrascht uns daher die Stellung von Uranus am AC und Pluto am MC im Schützen nicht. Dazu passend waren auch die Provokationen des italienischen Ministerpräsidenten *Silvio Berlusconi* im EU-Parlament. Dort bot er einem SPD-Abgeordneten nach dessen kritischen Fragen die Rolle eines KZ-Aufsehers in einem italienischen Film an. Bundeskanzler Schröder sagte daraufhin seinen Italienurlaub ab.

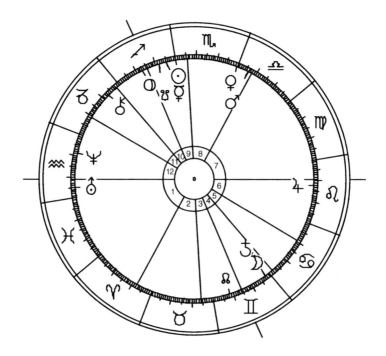

Abbildung 36: Irritationen in der Außenpolitik Schütze 2002 (Berlin),

Im Zeichen **Fische** suchen wir Themen zur Ausgrenzung von Minderheiten, Flüchtlingen und Schwachen. Unter dem Namen „Rose" bereitete die DDR unter *Walter Ulbricht* (30.6.1893 13:20 MEZ Leipzig) den Mauerbau in Berlin vor, um die Masse der in den Westen fliehenden Arbeitskräfte zurückzuhalten. 1961 wurde in Berlin ein Stacheldrahtzaun errichtet und nach und nach die Mauer zwischen Ost- und Westdeutschland gebaut. Das Horoskop des Eintritts der Sonne in das Zeichen Fische hat als Besonderheit eine Konjunktion von Jupiter und Saturn mit 0°Orbis im dritten Haus vier Grad vor dem IC. Die beiden Gesellschaftsplaneten Jupiter und Saturn zeigen wie nachhaltig und aktuell das Thema für die beiden Bruderstaaten ist. Die Bevölkerung ist im vierten Haus in einem eingeschlossenen (!) Zeichen. *Ulbricht*, der Erbauer der Mauer hat seinen Mars genau am MC und offenbart seine Aktivität bei diesem historischen Ereignis.

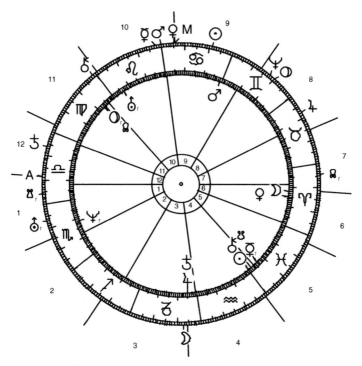

Abbildung 37: innen: Mauerbau Fische 1961 (Berlin), außen: Walter Ulbricht (30.6.1893 13:20 MEZ Leipzig)

Transite über den Ingress und Auslösungen

Wer Prognosen wagen möchte, wird mit der Genauigkeit von einem Jahr nicht sonderlich glücklich sein. Ähnlich wie beim Solar stellt sich die Frage, was die einzelnen Konstellationen auslöst.

Die große Zahl von Horoskopfaktoren verwirrt den Blick mehr, als ihn zu erhellen. Sortieren wir die wichtigen Punkte. Bei Personenbeziehungen schauen wir zuerst, mit welchen Faktoren das Radix in Beziehung zu welchen Faktoren des Ingress tritt. Bei einem Orbis von höchstens 3° sollten die Nebensächlichkeiten auf der Strecke bleiben. Wenn gar nichts „überlebt", lehnen Sie sich zurück und werden Sie sich der Tatsache bewusst, dass nicht jedes Jahr für die Aufführung dramatischer Stücke vorgesehen sein muss.

Ansonsten sortieren wir weiter. Es gibt Transite, die für sich gesehen schwerer wiegen als andere. *Judy Jones* weist mit Recht darauf hin, dass Vollmond, Neumond, besonders Sonnen- und Mondfinsternisse und Konjunktionen von Langsamläufern zu beachten sind. Mir scheint wichtig, den Themenbezug des Ingress zu beachten. Für Prognosen aus Ingresskonstellationen heraus, bieten sich naturgemäß kollektive Ereignisse an oder öffentlich an erhöhter Stelle aktive Menschen. Das erklärt, warum andere Methoden keinesfalls durch Ingresse ersetzt werden.

Der Widderingress 1945 stellte seinen Uranus ins 9. Haus (auf Washington berechnet), passend zum „Export" der Atombombe in ein fernes Land. Präsident *Harry Truman* (* 8.5.1884) der den Befehl (Saturn) zum Einsatz gegeben hat, hat seinen Radix-Saturn im Ingress in Haus 9 auf Uranus. Mit dem Transit des laufenden Mars auf diese Konjunktion fällt dann die Bombe am 6.8.1945. Venus, die Herrscherin des 8. Hauses (Stier) im Ingress steht im Transit beim Abwurf der Bombe am MC und Mond sowie zugleich in Konjunktion zu *Trumans* Radix-Venus. Der Transit zeigt also genau, wo sich die Einzelperson *Truman* mit dem kollektiven Geschehen verbindet. Bei der Probezündung der Bombe am 16.7.1945 auf dem Testgelände in Los Alamos war Venus schon ihrer Rolle als Herrscherin des 8. Hauses gerecht geworden mit Konjunktion zu Ingress-Uranus. Eine nur mundane Charakterisierung der Venus ohne den Häuserbezug hätte eher an einen Lottogewinn denken lassen, statt an Massentötung auf Knopfdruck.

Der nächste Fall ist für die These von *Judy Jones* ein gutes Beispiel, dass besondere Konstellationen während eines Ingresses zusätzlich Zunder liefern können.

Sehr turbulent verlief im Sommer 2003 der „Schill-Skandal" in Hamburg. *Ronald Schill* (*23.11.1958) ist Gründer der PRO (Partei Rechtsstaatliche Offensive) bekannt unter „Schill-Partei" und wurde bei der Bürgerschaftswahl der Hansestadt Hamburg Innensenator. Vorher war er Amtsrichter und musste sich im Zusammenhang mit drastischen Ordnungsstrafen ("Richter Gnadenlos") selbst wegen Rechtsbeugung vor Gericht verantworten. In letzter Instanz wurde er freigesprochen. Seinen erfolgreichen Strafverteidiger *Walter Wellinghausen* (* 23.5.1944) machte er nach der Wahl zum Staatsrat in der Hamburger Verwaltung. Trotz eines Verbotes soll dieser aber weiter Nebentätigkeiten ausgeübt haben. Die Öffentlichkeit verlangte seine Entlassung. Als der Bürgermeister von Hamburg *Ole von Beust* (*13.4.1955) dazu entschlossen, dies dem Innensenator *Schill* am 19.8.2003 mitteilen wollte, ging dieser zum Gegenangriff über. Falls *Wellinghausen* entlassen werden würde, würde *Schill* eine angebliche homosexuelle Liebesbeziehung des Bürgermeisters mit dem Justizsenator *Dr. Roger Kusch* an die Öffentlichkeit bringen. *Beust* warf *Schill* daraufhin aus dem Zimmer und am selben Tag aus dem Amt.

Der letzte Widderingress (21.3.2003 1:00 UT Hamburg) ist mit Pluto etwas über dem AC schon stark aufgeladen. Denn im mundanen Horoskop ist der AC auch die Visitenkarte für politischen Anstand. Pluto öffnet dort die Türen zu den Leichen im Keller und verleitet zu üblen Machtspielen. Mit Merkur in so enger Konjunktion zur Sonne im dritten Haus kann man sich leicht den Mund verbrennen, wenn man schlüpfrige Themen (3. Haus in Fische) auftischt. *Schill* musste tatsächlich mit dieser Absicht Federn lassen, als er postwendend sein Amt verlor. Die Koalition (Waagethema) der Regierungsparteien ist mit Saturn am DC schwer belastet.

Auch die Sonnenfinsternis (31.5.2003 4:20 UT Hamburg) mit Mars am MC (Rivalität in der Regierung) und Saturn am AC (Lähmung in der Außendarstellung) ist für sich gesehen dramatisch. Chiron an der Spitze des achten Hauses deutet auf sexuelle Beziehungen, die nicht im üblichen gesellschaftlichen Rahmen liegen. Der nach dem Ingress rückläufig gewordene Pluto hat in der Finsterniskonstellation den Ingress-AC exakt erreicht und schafft damit die äußere Atmosphäre von Erpressungsspielchen. Der über den Ingress transitierende Finsternismars greift mit einer Konjunktion die Venus an, welche im Ingress Herrscherin des Waage-MC war. Der Finsternis-

MC ist nicht weit davon entfernt. Im Finsternishoroskop ist Venus zugleich im Haus 5 des Ingresses: Sex und Regierungsgeschäfte mischen sich. Die vom Mond verfinsterte Sonne steht im 6. Haus am Arbeitsplatz der Politiker. Der Arbeitsstil rückt in den Mittelpunkt und *Beust* sagte später, *Schill* sei charakterlich nicht für das Amt eines Senators geeignet. Der Finsternis-AC mit Saturn bildet ein exaktes Quadrat zur Ingress-Sonne bzw. Merkur. Hamburg konnte sich aus alledem auf eine öffentliche Schlammschlacht einstellen.

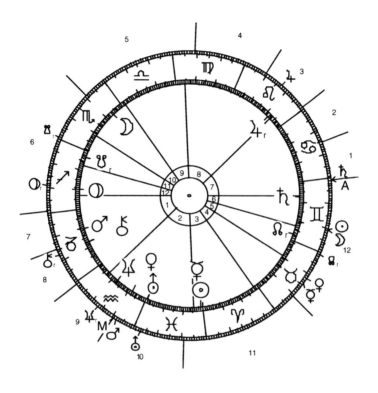

Abbildung 38: innen: Schill-Affäre Widderingress 2003 (Hamburg), außen: Sonnenfinsternis 31.5.2003 (Hamburg)

Die Sonnenfinsternis wird später zusätzlich verstärkt durch das Vollmondhoroskop vom 12.8.2003 4:48 UT, welches seine beiden

Lichter Sonne und Mond genau auf die MC-IC-Achse der Sonnenfinsternis legt. Jupiter am Löwe-AC des Vollmondhoroskops fördert die Selbstüberschätzung im Amt. *Schill* hat das offenbar aber nicht auf sich, sondern auf *Beust* bezogen.... Auffallend ist in diesem Zusammenhang, dass die Sonnenfinsternis Saturn als den Hüter des Gesetzes und der Vollmond Jupiter als Hüter der Gerechtigkeit am AC präsentiert. Gesetzliche Regeln und Vorstellungen von Recht und Anstand treffen in diesem Zeitraum aufeinander.

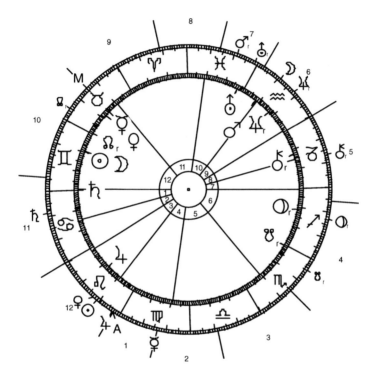

Abbildung 39: innen: Schill-Affäre Sonnenfinsternis 31.5.2003 (Hamburg), außen Vollmond 12.8.2003 (Hamburg)

Als *Schill* dann mit seiner Geschichte am 19.8.2003 an die Öffentlichkeit geht, wandert der Mond wiederum über den MC des Vollmondhoroskops. Besser lässt sich kaum die Hierarchie von Mundanhoroskopen zeigen: Der Ingress gibt den Bezugsrahmen für die Sonnenfinsternis, diese für den Vollmond und letzterer für den Tagestransit.

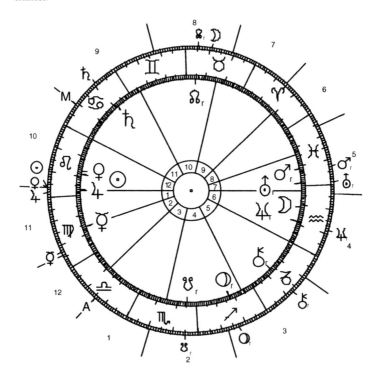

*Abbildung 40:innen: Schill-Affäre Vollmond 12.8.2003 (Hamburg),
außen: Schill Entlassung 19.8.2003 11:00 MET/S (Hamburg)*

Schauen wir nun auf die Synastrie zwischen Radix und Ingress bei den Beteiligten, erkennen wir die besondere Bedeutung der Ingresshoroskope. Sie sagen oft etwas, ob der richtige Mensch zur richtigen Zeit am richtigen Ort aktiv wurde, oder ob er sich völlig unzeitgemäß die Aufmerksamkeit für einen großen Mißerfolg errungen hat.

Bei Schill gerät die Radix-Sonne genau in die Fänge des absteigenden Mondknotens im Ingress und schwimmt damit gegen den Strom der Zeit. Der absteigende Ingress-Mondknoten fällt dazu ins 11. Haus – seine Parteifreunde – und diese entschuldigen sich in der Öffentlichkeit für ihn. Nicht einmal dort findet er Beifall. Das Quadrat seiner Sonne zum Ingress-Uranus erhöht den Knalleffekt seines Rauswurfs. Der Mond spielt eine große Rolle für die Popularität. Im Ingress steht er im 10. Haus mit Radix-Neptun Schills, was den Drang mit schmuddeligen Sachen Anklang zu finden zeigt. Sein eigener Radix-Mond am IC bedeutet allerdings im Ergebnis Verlust der Popularität. Mit Mars ist er ins 5. Ingresshaus geraten. Das Erfolglose an diesem Vorstoß mag sich aus der Rückläufigkeit seines Radix-Mars ergeben. Auch sein Merkur mit Saturnkonjunktion am Ingress-AC verhindert, dass er Sprachrohr des Zeitgeistes wird, wie er im Ingress zum Ausdruck kommt.

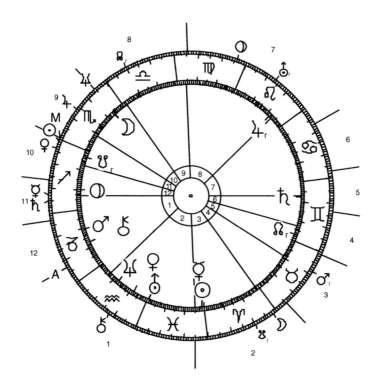

Abbildung 41: innen: Widderingress 2003 (Hamburg), außen: Ronald Schill
*23.11.1958

Auch *Ole von Beust* hat Mars im 5. Haus allerdings in Konjunktion mit dem aufsteigenden Ingress-Mondknoten. Mit seinem Befreiungsschlag gegen *Schill* hat er die Öffentlichkeit daher auf seiner Seite. Sein Neptun am Ingress-MC hat seinen Ruf natürlich trotzdem lädiert. Sein Radix-Saturn an der Spitze des 11. Hauses stabilisiert ihn aber in der Partei.

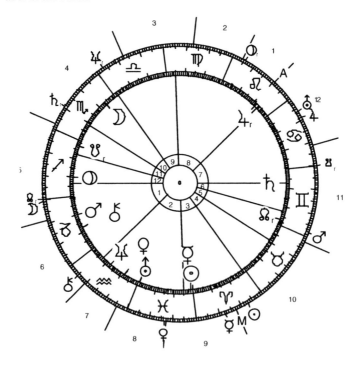

Abbildung 42: innen: Widderingress 2003 (Hamburg), außen: Ole von Beust
*13.4.1955

Diese Verbindungen eines Einzelnen zu einem „Zeitgeist-Horoskop" wie einem Ingress gibt astrologische Möglichkeiten an die Hand, die nicht vom auf die Minute oder Stunde genauen Radix abhängig sind. Das Mundangeschehen liefert den Maßstab und nicht der Einzelne. In politischen Zusammenhängen wäre die Umkehrung auch verfehlt. Denn die Geschicke einer Stadt oder eines Landes sollten sich nicht an den astrologischen Gegebenheiten gerade des einzelnen Menschen orientieren. Gewählt wird er für das Allgemeinwohl und nicht für seine Privatinteressen.

Ingresse scheinen nicht nur für die laufende zyklische Periode sondern auf viele Jahre hinaus astrologische Marksteine zu setzen. Im Jahr 1981 hatte die Raumfähre *Columbia* der Amerikaner ihren Jungfernflug. Der Widderingress für Cape Canaveral zeigt sehr ermutigend ein minutengenaues Trigon zwischen Uranus (Technik!) und Sonne. Der Ingress hat aber auch eine unerfreuliche Sonne-Mars-Konjunktion (Autoaggression) im 10. Haus (staatliche Aktivitäten). Der Schuß könnte nach hinten losgehen. Raketen und Raumfähren sind mit diesem Mars gefährdet. Der Transit 16.1.2003 10:39 EST Cape Canaveral (Start zu einer neuen Mission) führt den Transitmars genau auf den Uranus des 1981er Widderingress. Der Start geschah dann auch noch mit AC in Konjunktion zum damaligen Ingress-Mars. Mars ist also doppelt aktiviert.

Die Folgen waren für die Amerikaner ein nationales Unglück. Beim Start hat sich ein Teil der Kunststoffisolierung gelöst und den Wärmeschutzschild für den Wiedereintritt in die Erdatmosphäre beschädigt (Autoaggression des Raumfahrzeugs!). Bei der Rückkehr verbrannte die Columbia wegen dieser Beschädigung mitsamt ihrer siebenköpfigen Besatzung nach dem Eintritt in die Lufthülle der Erde.

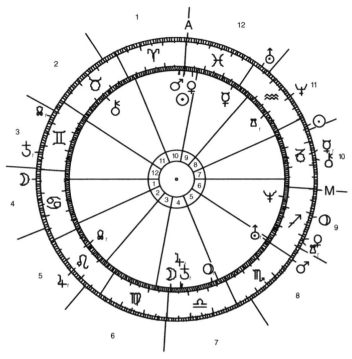

Abbildung 43:innen: Jungfernflug der Columbia Widder 1981 (Cape Canaveral, Florida), außen: Start mit tödlichen Folgen bei der Rückkehr 16.1.2003

Transit des Ingress über Regierungshoroskop

Bei *Adenauers* Vereidigung gibt es eine astrologische Besonderheit, die wirklich ins Auge sticht, die ich aber bis heute nicht wirklich verstehe:

Jedes Jahr, in dem der Mars des Widderingress die Hauptachsen oder sich selbst im Horoskop der ersten Vereidigung *Adenauers* als Bundeskanzler traf, gab es einen Wechsel im Kanzleramt. Wenn Mars in die Nähe eines solchen Punktes kam, wackelte der Stuhl des Kanzlers z.B. durch ein Misstrauensvotum. Das nächste Jahr, in dem der Ingress-Mars die Achse des Kanzlerhoroskops berührt ist 2006. Die Absicht von Bundeskanzler Schröder zur erneuten Kandidatur wäre nach dieser Gesetzmäßigkeit wenig aussichtsreich.

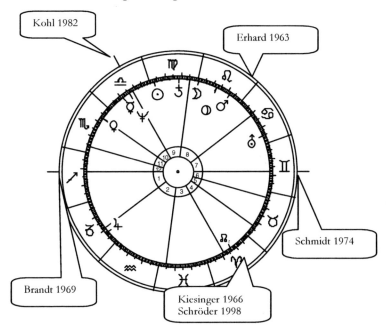

Abbildung 44 :innen: Vereidigung Adenauers, außen: Position des jeweiligen Frühlingsmars vor einem Kanzlerwechsel

Schicksalsgemeinschaften und Ingress

Im Zeichen Fische finden wir unter anderem die von der Gesellschaft Vergessenen einerseits und Hilfsaktionen andererseits.

Am 24.10.1963 ereignete sich in Deutschland ein Bergwerksunglück, welches weniger als Katastrophe sondern als „Wunder von Lengede" in Erinnerung geblieben ist. Aus einem geborstenen Becken mit Klärschlamm drang in kurzer Zeit Wasser in die Erzgrube „Mathilde" in Lengede. Unter den Millionen Litern Wasser und herabstürzenden Gesteinsbrocken fanden 29 Bergleute den Tod. Einige konnten sich retten, andere überlebten, blieben aber verschüttet. Sie retteten sich vor dem steigenden Wasser in einen höher gelegenen „toten Mann", einen stillgelegten Schacht. Nach acht Tagen wurden drei von ihnen mit großem technischen Aufwand aus der Tiefe geholt. Nach zwei Wochen gab man die übrigen 11 auf. Schon strömten die vermeintlich Hinterbliebenen zur Trauerfeier in die Kirche. Während die Kirchenglocken geläutet wurden, drangen erneut Lebenszeichen nach oben. Die abgerückten Baumaschinen wurden wieder zurückgeholt und es wurde für eine „Dahlbuschbombe"[13] ein Rettungsschacht gebohrt und 11 tot geglaubte Überlebende traten wieder ans Tageslicht.

Die Rettung der Verschütteten ist noch 40 Jahre danach Anlass für einen Fernsehfilm. Sie war seinerzeit die erste live im Fernsehen übertragene Katastrophe, also ein durchaus epochales Ereignis. Damit können wir erwarten, dass es sich im Ingress abbildet. Astrologisch ist das „Wunder" einer Rettung von tot Geglaubten eine Fische-Angelegenheit.

Der Ingress zeigt Sonne, Jupiter und Saturn im 11. Haus, dem Haus der Freunde (im Bergbau: „Kumpel"). Saturn hat exakt den Anfang des Hauses übernommen, dann folgt die Sonne und zum Schluss kommt doch noch Jupiter zur Wirkung und als der (alte) Herrscher des Zeichens Fische entsprechend stark. Dies entspricht geradezu dem Ablauf des Geschehens. Das Ereignis war ein gigantischer Arbeitsunfall, weshalb ein eingeschlossenes (!) 6. und 12. Haus nicht überrascht. Im 6. Haus steht Neptun gleichermaßen für von

---

[13] Der Name kommt von der Zeche Dahlbusch, wo diese in ein Bohrloch hinabgelassene Metallröhre wie ein freihängender Aufzug zur Rettung für jeweils einen Menschen verwendet wurde.

der Gesellschaft abgeschnittenen wie auch die Hilfe, die bald anläuft. Das Ereignis stürzt viele Familien in Trauer (Mond in Steinbock in Haus 8). Venus im Steinbock ist wenig Glück verheißend [14]. Ihr Platz im 9. Haus deutet allenfalls an, dass die großen Tiefbohrgeräte und Kräne aus der Ferne besorgt werden können. Die Fernsehübertragungswagen der Massenmedien (Uranus und Pluto) sind im 5. Haus positioniert.

Die beinahe Aufgegebenen (12. Haus, Neptun/Fische-Thema) sind unter Tage bei ihrer Flucht vor dem Wasser als die eine Gruppe zusammengekommen, die gerettet wurde, während die anderen weniger Glück hatten. Warum trifft es die einen, die anderen nicht?

Aus den Geburtsdaten der jeweiligen Gruppe lassen sich Combinhoroskope berechnen[15], indem man für die Geburtstage mit 12:00 Uhr Mittag das julianische Datum aller addiert und die Summe durch die Zahl der Beteiligten teilt. Es gibt natürlich eine unscharfe Berechnung, weil mit 12:00 Uhr für jeden Einzelnen 12 Stunden bis zur vorangegangenen und bis zur kommenden Mitternacht an seinem Geburtstag möglich sind. Bei 14 Überlebenden sind das maximal 168 Std. bzw. 7 Tage, für die Sonne also noch 7° im Tierkreis. Den Mond wird man bei einem Deutungsversuch aber außer acht lassen müssen. Sein mutmaßlicher Standort ist bei dieser Ungenauigkeit über ein Viertel des Tierkreises gestreckt.

Blicken wir dennoch auf die Zusammenhänge zwischen dem Ingress in die Fische 1963 und den Combinhoroskopen.

Combin 1 (14.12.1923, die 29 Toten): Die Schütze-Sonne fällt ins 8. Ingresshaus (der Tod) und Mars und Saturn als die klassischen „Übeltäter" belasten das für Krankheit und die Arbeit zuständige 6. Haus im Ingress. Die beiden Glücksbringer Venus und Jupiter gleichen diese Konstellation nicht aus. Ganz im Gegenteil. Auch im Combin hat Venus in Steinbock eine geschwächte Kraft und Jupiter wiederum zum Combin-Mondknoten ein Quadrat. Der einzige Lichtblick: Saturn verbindet sich mit der Ingress-Sonne durch ein Trigon, woran man die Anstrengungen (Saturn) zur Rettung (Fischesonne) der Eingeschlossenen sehen mag. Mit dem Combinsatumquadrat zur Mondknotenachse im Ingress und einem Combinjupiter-

---

[14] Auch die Besatzung der Raumfähre Columbia, die auf dem Rückflug beim Eintritt in die Erdatmosphäre 2003 verglühte, hat im Combin seiner Besatzungsmitglieder Venus im Steinbock

[15] Für die Übermittlung der anonymisierten Geburtsdaten danke ich der Filmgesellschaft „Zeitsprung", die meine Anfrage an den "Chronisten" des Ereignisses von Lengede Herrn Werner Cleve weitergeleitet hat

quadrat zur Combinmondknotenachse ist der Erfolg aber versagt. Fünf Jahre später kommen in Lengede bei einer Explosion weitere zwölf Kumpel ums Leben. Auch hier gibt es Quadratverbindungen zwischen Combinsaturn und Combinmondknoten.

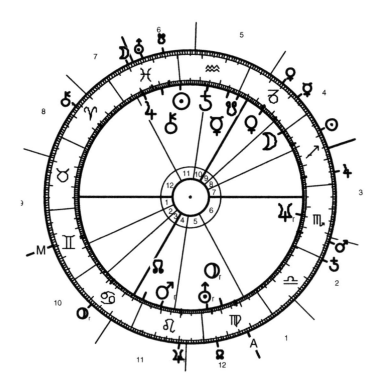

Abbildung 45: innen: Wunder von Lengede Fische 1963 (Lengede), außen: Combin 1 der 29 Toten (14.12.1923 Lengede)

Für die Geretteten ist derselbe Fischeingress Maßstab des Geschehens. Aber sie sind eine andere Gruppe mit eigenem Combin. Der Vergleich offenbart wesentliche Unterschiede. Die Gruppe der Geretteten lässt sich aufteilen in die zuerst geretteten drei und die später geretteten weiteren 11 Bergleute, aber auch eine Zusammenfassung aller 14 ist im Combin eine deutlich andere Schicksalsgemeinschaft.

Combin 2 (22.7.1925, die ersten drei Geretteten): Sie haben Uranus am Beginn des 12. Ingresshauses: Das unterirdische Gefängnis wird gesprengt. Im 5. Haus finden sich die vitalen Überlebensenergien (Sex und Kinder). Dort hat das Combin der drei Geretteten dem oppositionellen Ingress-Saturn beginnend mit einer Mond-Mars-Konjunktion entgegen zu setzen, Neptun, Venus und Merkur folgen noch im selben Haus zur Unterstützung. Die Sonne am aufsteigenden Ingress-Mondknoten ist ebenso günstig, wie Jupiter, der die schwache Ingress-Venus mit einer Konjunktion stärkt. Das Combin hat keinerlei Planetenstände im 8. Ingresshaus und einzig Jupiter belagert das 6. Haus. Also deutlich besser als Combin 1. dass ein Glück in einem Unglück erlebt wurde sehen wir an der Opposition Combin-Mond und -Mars zu Ingress-Saturn im 11. Ingresshaus (die toten Kumpel).

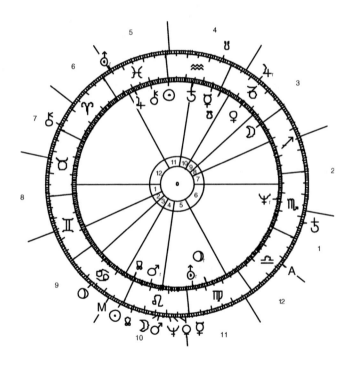

Abbildung 46: innen: Wunder von Lengede Fische 1963 (Lengede), außen: Combin 2 der drei 3 zuerst Geretteten (22.7.1925 Lengede)

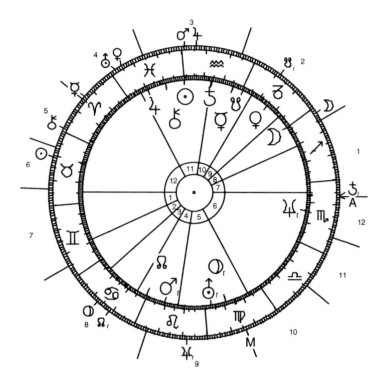

*Abbildung 47: innen: Wunder von Lengede Fische 1963 (Lengede),
außen: Combin 3 der letzten 11 Geretteten (1.5.1926)*

Die letzten mussten länger auf die glückliche Rettung warten. Venus gesellt sich zu Uranus ins 12. Ingresshaus. Die Gefahr bleibt sichtbar durch Combin-Mars in Konjunktion zur Ingress-Sonne.

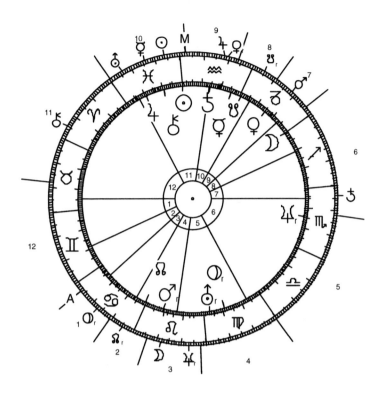

*Abbildung 48: innen: Wunder von Lengede Fische 1963 (Lengede),
außen: Combin 4 alle 14 Geretteten 25.2.1926)*

Fasst man alle Geretteten zusammen (Combin 4 alle 14 Geretteten 25.2.1926) sticht sofort die Konjunktion von Venus und Jupiter im 10. Haus (riesiges Glück in der Öffentlichkeit) ins Auge. Was vor aller Welt am Fernsehschirm zu sehen war, paßte nicht zu den düsteren Erwartungen nach dem gefährlichen Wassereinbruch unter Tage. Diese gegenläufige Entwicklung, eben das „Wunder" von Lengede, bildet sich ab am absteigenden Combin-Mondknoten, der exakt mit dem MC des Fischeingress zusammenfällt. Chiron bildet dazu ein Quadrat. Die Rettung stand buchstäblich auf der Kippe. Uranus an der 12. Hausspitze des Ingress und die Fische-Sonne im Combin geben das Thema des Verlorengehens und gerettet werden wider.

Das „Wunder von Lengede" zeigt, wie Menschen auf zweierlei Weise eine Gruppenzugehörigkeit haben. Durch den auf Lengede bezogenen Fischeingress sind alle in dieser Region für ein Jahr für einen bestimmten Ort miteinander verbunden. Das Combin der an diesem Tag als Arbeitskollegen verbundenen Menschen verknüpft noch mal auf besondere Weise die Schicksalsfäden zu einem Gemeinschaftsschicksal, welches sich im Combin und seiner Beziehung zum Ingress abbildet.

Ingresse anderer Planeten

Die Ingresse anderer Planeten in das Zeichen Widder beobachten wir natürlich nicht im Jahresrhythmus der Sonne, sondern im Zyklus seiner eigenen Umlaufzeit. Wir könnten dabei z.B. von einem Uranusjahr sprechen und damit den Zeitraum von seinem Eintritt in den Widder bis zum nächsten Widderingress beschreiben. Mit dem diesjährigen (2003) Eintritt des Uranus in das Zeichen Fische wäre der letzte Uranusmonat des laufenden Uranusjahres angebrochen, bis der Widderzyklus des Planeten im Jahre 2010 neu beginnt.

Anders als Sonne und Mond ziehen Uranus und die anderen Planeten ihre Bahnen nicht kontinuierlich. Vielmehr erscheint ihr Lauf von der Erde aus betrachtet zeitweise retrograd. Welchen Zeitpunkt nehmen wir für den Zeichenwechsel: den ersten Ingress (vorwärts), den Rückzug ins vorherige Zeichen ebenfalls oder den letzten Ingress (wieder vorwärts)? Ich neige dazu rein formal den ersten Ingress zu bevorzugen, will es aber offen lassen, auch die anderen Grenzüberschreitungen zu erforschen.

Wenn schon der Sonneningress weltpolitische Themen beleuchten kann, wie groß ist dann die historische Dimension der Ingresshoroskope der langsam laufenden Planeten?

Nehmen wir ein Ereignis und eine Person, die über Jahrhunderte hinweg wirksam geblieben ist: *Martin Luther* (* 10.11.1483 (jul.) 22:59 LT[16] Eisleben schlägt am 31.10.1517 (jul.) an der Schlosskirche in Wittenberg seine 95 Thesen an. Er fordert keinen geringeren als die römisch-katholische Kirche zur Diskussion heraus. Der Papst und seine Autorität leitet sich von Petrus (griech. der Fels) ab. Das Prinzip Steinbock/Saturn repräsentiert dies am besten. Pluto als der Planet mit der längsten Umlaufzeit trat am 24.12.1515 18:28 UT (jul.) in dieses Zeichen ein. Rom ist der richtige Ort für den Ingress in dieser Kirchenfrage.

Uranus am MC sticht sofort ins Auge. Er verkörpert das von Luther aufgegriffene Thema der Unfehlbarkeit und auch die spätere Spaltung der Kirche bzw. „Reformation". Noch heute lässt die Kirche anderen den Gebrauch des Wortes „katholisch" (griech. Für alle) gerichtlich verbieten und sieht sich als die einzige legitime christliche Kirche. Jupiter im 12. Haus lässt keine wirklich freie Diskussion von Glaubensfragen zu, sondern hinter Klostermauern. Ihm stehen fast

---

[16] Reinhold Ebertin; Meridian 4/1983; rektifizierte Zeit, via DAV-Datenbank

alle Planeten im Haus 5 und 6 gegenüber. Jupiters Themen werden allgemein geprüft (6. Haus) und es wird auf öffentlicher Bühne unerbittlich um sie gekämpft (Mars, Saturn, Pluto in 5).

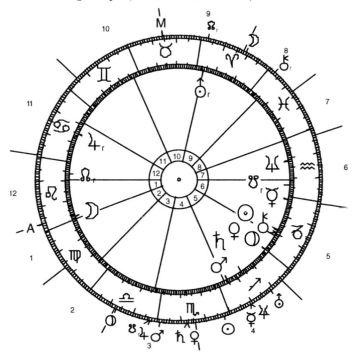

Abbildung 49: innen: Plutoingress in Steinbock 24.12.1515 (jul) 18:00 UT (Rom), außen: Martin Luther * 10.11.1483 (jul.)

Luther belegt mit seinem Radix-Jupiter (seine Weltanschauung) die Opposition zu diesem Uranus/MC. Außerdem liegt sein aufsteigender Mondknoten am Ingress-MC. Damit ist es ihm möglich, einem Zeitbedürfnis nachzukommen und die Macht der Kirche in Frage zu stellen. Sein Kampf ist ausdauernd und es bringt ihm den Ausschluss aus der Gemeinschaft der Gläubigen. Was er als Reformation bezeichnet ist für die Kirche unerlaubter Protest und so werden die Lutheraner auch „Protestanten" genannt. Die Lage spitzt sich zu, denn *Luther* widerruft seine Thesen nicht, obwohl der Bischof von

Mainz ihn in Rom verklagt hat. Nachdem ihn der Papst im Januar 1521 exkommuniziert hat, wird er von *Karl V.* im April geächtet, das heißt Verlust aller persönlichen Rechte. Es hat *Luther* nicht aufgehalten, wie wir wissen.

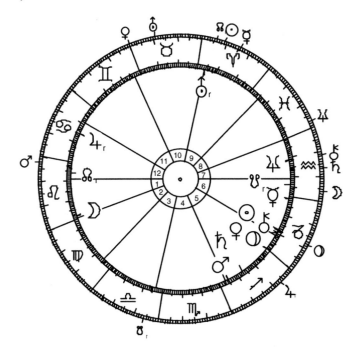

*Abbildung 50: innen: Plutoingress in Steinbock 1515 (Rom),
außen: Martin Luther wird im Frühjahr 1521 exkommuniziert und geächtet*

Luther bekommt Asyl auf der Wartburg und übersetzt die Bibel in die deutsche Sprache. Damit bricht er das lateinische Sprachmonopol der Kirche. Das Horoskop der Ächtung lässt Pluto über die Sonne im Steinbockingress des Pluto gehen. Saturn am DC ist die Isolation der öffentlichen Gegner.

Diese Beispiele zur Entwicklungsgeschichte der Weltanschauungen zeigen, wie wichtig die Erforschung der Ingresse anderer Planeten sein kann.

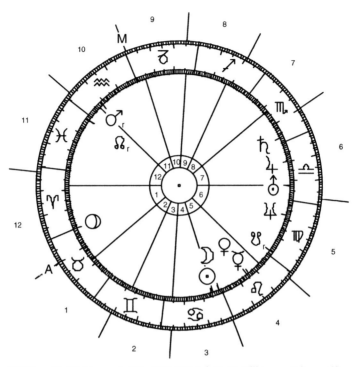

Abbildung 51: Plutoingress in Stier 15.7.630 (jul) 21:43 UT innen: Achsen auf Rom, außen: Achsen auf Mekka

Ein paar Jahrhundert weiter zurück hatten wir außerhalb der Kirche einen religiösen Impuls, der ebenso heute noch Bedeutung hat. Der Prophet *Mohammed* eroberte im Januar 630 in dem von ihm ausgerufenen „Heiligen Krieg" Mekka, von wo seine Lehre in alle Welt verbreitet wurde. Pluto wandert im selben Jahr in den Stier (15.7.630(j) 21:43 (jul). Rechnen wir den Ingress auf Rom, fällt uns wieder Uranus an einer Hauptachse (DC) auf. Die Christen bekommen „Konkurrenz", jedenfalls empfinden sie es so, wie die blutigen Kreuzzüge später zeigen werden. Wird der Ingress auf Mekka, den Ursprung der islamischen Bewegung, gestellt, finden wir Pluto im Quadrat zur MC-IC-Achse. Die Kompromisslosigkeit des Glaubenssystems findet darin ihren deutlichen Ausdruck. Der Mond als Symbol des Islam hat seinen Platz genau am IC gefunden und steht dort besonders stark (Domizil) im eigenen Zeichen Krebs.

Literatur

Carter Charles E.O., An Introduction To Political Astrology, L.N. Fowler & Co. Ltd., 4.Aufl. 1980

Harvey Charles, Ingresse, Mondphasen, Eklipsen in: *Baigent Michael, Campion Nicholas, Harvey Charles*, Mundanastrologie, edition astrodata, 1989

Firgau Bernhard, Prognose mit dem Widderingress in: *Firgau Bernhard/Lukert Gerhard*, Wahlprognose mit Astrologie, astronova, 2002

Judy Jones The Ingress Chart in: The astrology of the macrocosm S. 69 ff, Herausgeber Joan McEvers, Llewellyn´s New World Astrology Series, 1990

Müntefering Robert und *Schott Konstantin Magnus*, Eine Landschaft der Zeit, Edition Astrologie, Konstantin Magnus Schott Verlags KG, 2002

Troinski, Edmund Herbert, 1001 weltpolitische Horoskope, Baumgartner-Verlag, 1954

Horoskopesammlungen:

DAV-Datenbank auf CD

IHL-Taeger Horoskopelexikon 3 Bde und 1 Zusatzband

Specht, Heinz, Astro-Digest, 1987

Liste der Quartalsingresse 2000-2050

Berechnet mit AC und MC für Berlin mit Zeitangabe in UT

Widderingress

Datum	Uhrzeit (UT) hh:mm:ss	AC	MC
20. Mrz 00	07:35:13	9 Zwilling	3 Wassermann
20. Mrz 01	13:30:39	21 Löwe	7 Stier
20. Mrz 02	19:16:04	21 Waage	29 Krebs
21. Mrz 03	00:59:40	23 Schütze	29 Waage
20. Mrz 04	06:48:32	22 Stier	22 Steinbock
20. Mrz 05	12:33:18	12 Löwe	22 Widder
20. Mrz 06	18:25:26	13 Waage	17 Krebs
21. Mrz 07	00:07:16	13 Schütze	15 Waage
20. Mrz 08	05:48:08	21 Widder	8 Steinbock
20. Mrz 09	11:43:28	3 Löwe	8 Widder
20. Mrz 10	17:32:01	3 Waage	4 Krebs
20. Mrz 11	23:20:31	4 Schütze	2 Waage
20. Mrz 12	05:14:12	0 Widder	0 Steinbock
20. Mrz 13	11:01:41	25 Krebs	27 Fische
20. Mrz 14	16:56:51	27 Jungfrau	26 Zwilling
20. Mrz 15	22:44:53	28 Skorpion	22 Jungfrau
20. Mrz 16	04:29:55	4 Fische	20 Schütze
20. Mrz 17	10:28:21	19 Krebs	18 Fische
20. Mrz 18	16:15:09	20 Jungfrau	17 Zwilling
20. Mrz 19	21:58:07	19 Skorpion	10 Jungfrau
20. Mrz 20	03:49:17	13 Wassermann	11 Schütze
20. Mrz 21	09:37:07	9 Krebs	4 Fische
20. Mrz 22	15:33:02	13 Jungfrau	7 Zwilling
20. Mrz 23	21:24:03	13 Skorpion	1 Jungfrau
20. Mrz 24	03:05:59	26 Steinbock	0 Schütze
20. Mrz 25	09:01:03	1 Krebs	25 Wassermann
20. Mrz 26	14:45:30	4 Jungfrau	25 Stier

20. Mrz 27	20:24:12	3 Skorpion	15 Löwe
20. Mrz 28	02:16:38	11 Steinbock	18 Skorpion
20. Mrz 29	08:01:27	16 Zwilling	10 Wassermann
20. Mrz 30	13:51:33	25 Löwe	12 Stier
20. Mrz 31	19:40:24	26 Waage	4 Löwe
20. Mrz 32	01:21:18	28 Schütze	4 Skorpion
20. Mrz 33	07:22:07	4 Zwilling	0 Wassermann
20. Mrz 34	13:16:52	19 Löwe	3 Stier
20. Mrz 35	19:02:05	19 Waage	25 Krebs
20. Mrz 36	01:02:10	24 Schütze	29 Waage
20. Mrz 37	06:49:34	22 Stier	22 Steinbock
20. Mrz 38	12:39:55	13 Löwe	23 Widder
20. Mrz 39	18:31:19	14 Waage	18 Krebs
20. Mrz 40	00:10:57	13 Schütze	16 Waage
20. Mrz 41	06:06:03	1 Stier	12 Steinbock
20. Mrz 42	11:52:32	4 Löwe	11 Widder
20. Mrz 43	17:27:00	2 Waage	3 Krebs
19. Mrz 44	23:19:45	4 Schütze	2 Waage
20. Mrz 45	05:06:49	26 Fische	29 Schütze
20. Mrz 46	10:57:03	24 Krebs	26 Fische
20. Mrz 47	16:51:50	26 Jungfrau	25 Zwilling
19. Mrz 48	22:33:00	25 Skorpion	19 Jungfrau
20. Mrz 49	04:27:46	3 Fische	20 Schütze
20. Mrz 50	10:18:44	17 Krebs	15 Fische

Krebsingress

Datum	Uhrzeit (UT) hh:mm:ss	AC	MC
21. Jun 00	01:47:33	14 Zwilling	8 Wassermann
21. Jun 01	07:37:33	24 Löwe	10 Stier
21. Jun 02	13:24:12	24 Waage	2 Löwe
21. Jun 03	19:10:15	27 Schütze	3 Skorpion
21. Jun 04	00:56:38	27 Stier	25 Steinbock
21. Jun 05	06:45:53	15 Löwe	27 Widder
21. Jun 06	12:25:36	14 Waage	18 Krebs
21. Jun 07	18:06:09	14 Schütze	16 Waage
20. Jun 08	23:59:04	1 Stier	12 Steinbock
21. Jun 09	05:45:14	4 Löwe	10 Widder
21. Jun 10	11:28:06	4 Waage	5 Krebs
21. Jun 11	17:16:10	4 Schütze	2 Waage
20. Jun 12	23:08:28	0 Widder	0 Steinbock
21. Jun 13	05:03:36	27 Krebs	29 Fische
21. Jun 14	10:50:52	27 Jungfrau	26 Zwilling
21. Jun 15	16:37:32	27 Skorpion	22 Jungfrau
20. Jun 16	22:33:47	9 Fische	22 Schütze
21. Jun 17	04:23:44	19 Krebs	18 Fische
21. Jun 18	10:06:52	19 Jungfrau	16 Zwilling
21. Jun 19	15:53:47	20 Skorpion	10 Jungfrau
20. Jun 20	21:43:13	13 Wassermann	11 Schütze
21. Jun 21	03:31:40	9 Krebs	4 Fische
21. Jun 22	09:13:21	10 Jungfrau	3 Zwilling
21. Jun 23	14:57:18	10 Skorpion	25 Löwe
20. Jun 24	20:50:27	23 Steinbock	28 Skorpion
21. Jun 25	02:41:41	28 Zwilling	21 Wassermann
21. Jun 26	08:23:55	2 Jungfrau	22 Stier
21. Jun 27	14:10:13	2 Skorpion	13 Löwe
20. Jun 28	20:01:22	9 Steinbock	16 Skorpion
21. Jun 29	01:47:38	14 Zwilling	8 Wassermann
21. Jun 30	07:30:38	22 Löwe	8 Stier
21. Jun 31	13:16:26	22 Waage	0 Löwe
20. Jun 32	19:08:03	26 Schütze	2 Skorpion

21. Jun 33	01:00:24	28 Stier	26 Steinbock
21. Jun 34	06:43:26	14 Löwe	26 Widder
21. Jun 35	12:32:19	15 Waage	20 Krebs
20. Jun 36	18:31:26	18 Schütze	23 Waage
21. Jun 37	00:21:37	12 Stier	17 Steinbock
21. Jun 38	06:08:33	8 Löwe	17 Widder
21. Jun 39	11:56:34	9 Waage	11 Krebs
20. Jun 40	17:45:31	10 Schütze	10 Waage
20. Jun 41	23:34:59	17 Widder	6 Steinbock
21. Jun 42	05:14:56	29 Krebs	2 Widder
21. Jun 43	10:57:28	28 Jungfrau	28 Zwilling
20. Jun 44	16:50:13	29 Skorpion	25 Jungfrau
20. Jun 45	22:32:58	9 Fische	22 Schütze
21. Jun 46	0:13:42	17 Krebs	15 Fische
21. Jun 47	10:02:32	19 Jungfrau	15 Zwilling
20. Jun 48	15:52:58	19 Skorpion	10 Jungfrau
20. Jun 49	21:46:21	15 Wassermann	11 Schütze
21. Jun 50	03:32:03	9 Krebs	4 Fische

Waageingress

Datum	Uhrzeit (UT) hh:mm:ss	AC	MC
22. Sep 00	17:27:41	18 Widder	7 Steinbock
22. Sep 01	23:04:32	29 Krebs	2 Widder
23. Sep 02	04:55:27	0 Waage	29 Zwilling
23. Sep 03	10:46:51	1 Schütze	27 Jungfrau
22. Sep 04	16:29:51	12 Fische	23 Schütze
22. Sep 05	22:23:10	21 Krebs	20 Fische
23. Sep 06	04:03:22	20 Jungfrau	17 Zwilling
23. Sep 07	09:51:12	21 Skorpion	12 Jungfrau
22. Sep 08	15:44:26	18 Wassermann	13 Schütze
22. Sep 09	21:18:32	8 Krebs	3 Fische
23. Sep 10	03:08:58	11 Jungfrau	5 Zwilling
23. Sep 11	09:04:33	13 Skorpion	29 Löwe
22. Sep 12	14:48:53	26 Steinbock	0 Schütze
22. Sep 13	20:44:02	1 Krebs	24 Wassermann
23. Sep 14	02:28:57	4 Jungfrau	25 Stier
23. Sep 15	08:20:25	5 Skorpion	18 Löwe
22. Sep 16	14:20:58	17 Steinbock	23 Skorpion
22. Sep 17	20:01:38	20 Zwilling	13 Wassermann
23. Sep 18	01:53:55	28 Löwe	16 Stier
23. Sep 19	07:49:58	0 Skorpion	10 Löwe
22. Sep 20	13:30:26	3 Steinbock	10 Skorpion
22. Sep 21	19:20:51	9 Zwilling	3 Wassermann
23. Sep 22	01:03:26	19 Löwe	4 Stier
23. Sep 23	06:49:43	19 Waage	26 Krebs
22. Sep 24	12:43:21	23 Schütze	28 Waage
22. Sep 25	18:19:01	15 Stier	19 Steinbock
23. Sep 26	00:04:52	9 Löwe	18 Widder
23. Sep 27	06:01:21	11 Waage	15 Krebs
22. Sep 28	11:44:55	11 Schütze	13 Waage
22. Sep 29	17:38:06	24 Widder	9 Steinbock
22. Sep 30	23:26:27	2 Löwe	8 Widder
23. Sep 31	05:14:51	3 Waage	4 Krebs

22. Sep 32	11:10:25	5 Schütze	3 Waage
22. Sep 33	16:51:11	26 Fische	28 Schütze
22. Sep 34	22:39:03	24 Krebs	25 Fische
23. Sep 35	04:38:24	27 Jungfrau	25 Zwilling
22. Sep 36	10:22:46	26 Skorpion	20 Jungfrau
22. Sep 37	16:12:31	2 Fische	19 Schütze
22. Sep 38	22:01:41	17 Krebs	15 Fische
23. Sep 39	03:49:00	18 Jungfrau	14 Zwilling
22. Sep 40	09:44:18	20 Skorpion	10 Jungfrau
22. Sep 41	15:25:55	10 Wassermann	9 Schütze
22. Sep 42	21:10:54	7 Krebs	1 Fische
23. Sep 43	03:06:16	11 Jungfrau	4 Zwilling
22. Sep 44	08:47:11	10 Skorpion	25 Löwe
22. Sep 45	14:32:14	20 Steinbock	26 Skorpion
22. Sep 46	20:21:02	25 Zwilling	18 Wassermann
23. Sep 47	02:07:23	0 Jungfrau	20 Stier
22. Sep 48	07:59:56	1 Skorpion	13 Löwe
22. Sep 49	13:41:54	6 Steinbock	13 Skorpion
22. Sep 50	19:27:48	11 Zwilling	5 Wassermann

Steinbockingress

Datum	Uhrzeit (UT) hh:mm:ss	AC	MC
21. Dez 00	13:37:13	12 Zwilling	6 Wassermann
21. Dez 01	19:21:15	21 Löwe	7 Stier
22. Dez 02	01:14:07	23 Waage	0 Löwe
22. Dez 03	07:03:33	26 Schütze	2 Skorpion
21. Dez 04	12:41:19	22 Stier	23 Steinbock
21. Dez 05	18:34:38	13 Löwe	24 Widder
22. Dez 06	00:21:47	14 Waage	18 Krebs
22. Dez 07	06:07:29	14 Schütze	17 Waage
21. Dez 08	12:03:25	5 Stier	14 Steinbock
21. Dez 09	17:46:26	5 Löwe	12 Widder
21. Dez 10	23:38:05	6 Waage	8 Krebs
22. Dez 11	05:29:40	7 Schütze	7 Waage
21. Dez 12	11:11:13	5 Widder	2 Steinbock
21. Dez 13	17:10:36	29 Krebs	2 Widder
21. Dez 14	23:02:36	0 Waage	0 Krebs
22. Dez 15	04:47:30	0 Schütze	26 Jungfrau
21. Dez 16	10:43:43	17 Fische	25 Schütze
21. Dez 17	16:27:29	21 Krebs	20 Fische
21. Dez 18	22:22:15	23 Jungfrau	20 Zwilling
22. Dez 19	04:18:56	25 Skorpion	18 Jungfrau
21. Dez 20	10:01:49	24 Wassermann	6 Schütze
21. Dez 21	15:58:46	15 Krebs	12 Fische
21. Dez 22	21:47:39	17 Jungfrau	12 Zwilling
22. Dez 23	03:26:47	15 Skorpion	4 Jungfrau
21. Dez 24	09:19:58	5 Wassermann	6 Schütze
21. Dez 25	15:02:28	4 Krebs	27 Wassermann
21. Dez 26	20:49:35	7 Jungfrau	29 Stier
22. Dez 27	02:41:29	8 Skorpion	22 Löwe
21. Dez 28	08:18:58	15 Steinbock	21 Skorpion
21. Dez 29	14:13:24	22 Zwilling	15 Wassermann
21. Dez 30	20:08:54	0 Jungfrau	19 Stier
22. Dez 31	01:54:48	0 Skorpion	10 Löwe
21. Dez 32	07:55:10	8 Steinbock	15 Skorpion

21. Dez 33	13:45:12	14 Zwilling	8 Wassermann
21. Dez 34	19:33:11	23 Löwe	10 Stier
22. Dez 35	01:30:02	25 Waage	4 Löwe
21. Dez 36	07:12:01	28 Schütze	4 Skorpion
21. Dez 37	13:06:52	2 Zwilling	29 Steinbock
21. Dez 38	19:01:26	18 Löwe	2 Stier
22. Dez 39	00:39:41	17 Waage	22 Krebs
21. Dez 40	06:31:55	19 Schütze	24 Waage
21. Dez 41	12:17:24	12 Stier	17 Steinbock
21. Dez 42	18:03:07	8 Löwe	16 Widder
22. Dez 43	00:00:17	10 Waage	13 Krebs
21. Dez 44	05:42:37	10 Schütze	11 Waage
21. Dez 45	11:34:08	19 Widder	7 Steinbock
21. Dez 46	17:27:29	2 Löwe	6 Widder
21. Dez 47	23:06:14	0 Waage	1 Krebs
21. Dez 48	05:01:15	2 Schütze	29 Jungfrau
21. Dez 49	10:51:09	22 Fische	27 Schütze
21. Dez 50	16:37:41	23 Krebs	23 Fische

Weitere Bücher zum Thema

Hans-Hermann Delz
Astronomie für Astrologen
Grundlagen – Himmelsmechanik – Astrologische Berechnungen
116 Seiten, Paperback, Großformat, 60 Abb.
ISBN 3-937033-04-9

Der Autor vermittelt sehr anschaulich die Grundlagen und schließt die Wissenslücke zwischen astrologischer Deutung und astronomischer Berechnung.

Reinhold Ebertin
Die Bedeutung der Fixsterne
77 Seiten, kartoniert
ISBN 3-937033-03-0

Seit den frühesten Ursprüngen der Astrologie wurden die Fixsterne sowohl im Persönlichkeits- als auch im Mundanhoroskop verwendet. Das vorliegende Buch gibt eine Anregung, sich wieder stärker auf die Fixsterndeutung zu besinnen. Die Positionen von 73 Fixsternen und deren Bedeutung in zahlreichen Geburtsbildern werden ausführlich besprochen.

Claus D. Stahl
Gesundheit und Krankheit aus astrologischer Sicht
136 Seiten, kartoniert
ISBN 3-937033-00-6

Der Autor skizziert die historische Entwicklung des Krankheitsbegriffes. Anschließend stellt er die wichtigsten astrologischen Konzepte und Befunde zum Thema vor. Im Hauptteil geht es um die astrologischen Sicht von Gesundheit und Krankheit. Das sich daraus ergebende praktisch-astrologische Vorgehen folgt im letzten Teil des Buches an einem konkreten Beispiel.